헬렌 켈러

세상을 밝힌 작은 거인

지은이 윤해윤

아이들을 가르친 경험으로 위대한 인물들의 삶이 아이들에게 큰 자극이 된다는 사실을 아주 잘 알고 있습니다. 위인들의 삶은 자라는 아이들에게는 강력한 롤 모델이 되기 때문입니다. 이런 이유로 《왕가리 마타이》《도로시 데이》《말랄라 유사프자이》를 썼습니다. 글을 쓰며 그들의 활동 분야인 환경과 인권에도 관심을 두게 되어, 환경을 주제로 한 《초등생을 위한 환경특강》과 인권을 주제로 한 《초등생을 위한 세계문화특강 1》《초등생을 위한 인권특강》을 썼습니다.

그린이 원혜진

일러스트레이터이자 만화가입니다. 그동안 《섬과 섬을 잇다 2》《다른 건 틀린 게 아니잖아?》《우주에는 몇 개의 마을이 있을까?》 등에 그림을 그렸고, 《아! 팔레스타인》을 쓰고 그렸습니다.

헬렌 켈러 세상을 밝힌 작은 거인
ⓒ 윤해윤, 원혜진 2016

초판 1쇄 발행 2016년 2월 26일

지은이 윤해윤 | **그린이** 원혜진
펴낸이 이기섭 | **기획편집** 박상육 염미희 최연희 신은선 | **디자인** 골무
마케팅 조재성 정윤성 한성진 정영은 박신영 | **경영지원** 김미란 장혜정
펴낸곳 한겨레출판(주) | **주소** 서울시 마포구 공덕동 116-25 한겨레신문사 4층
전화 02-6383-1602~3 | **팩스** 02-6383-1610
홈페이지 www.hanibook.co.kr | **블로그** haniteen.tistory.com | **이메일** child@hanibook.co.kr
출판등록 2006년 1월 4일 제313-2006-00003호

ISBN 978-89-8431-957-8 74990
　　　978-89-8431-366-8 (세트)

• 이 책에 실린 사진의 일부는 미국시각장애인재단(American Foundation for the Blind)에 저작권이 있습니다.
• 일부 사진은 flickr.com/photos/usembassynewdelhi/albums/72157625767709066가 출처임을 밝힙니다.
사용한 사진 중 저작권자를 찾지 못하여 게재 허락을 받지 못한 사진에 대해서는 저작권자가 확인되는 대로 허락을 받고 통상의 기준에 따라 사용료를 지불하겠습니다.

• 값은 뒤표지에 있습니다.
• 이 책의 일부 또는 전부를 재사용하려면 반드시 서작권자와 한겨레출판(주) 양측의 동의를 얻어야 합니다.

헬렌 켈러
세상을 밝힌 작은 거인

윤해윤 글 | 원혜진 그림

한겨레아이들

| 지은이의 말 |

헬렌 켈러는 누구일까요?

헬렌 켈러는 스타였어요.

이미 열 살에 유명해진 헬렌 켈러는 죽을 때까지, 아니 죽음 뒤에도 사람들의 관심에서 벗어난 적이 없었어요. 이렇게 세상 사람들의 추앙을 받은 헬렌 켈러는 보지도 듣지도 말하지도 못하는 장애인이었지요. 인류 역사상 장애인이 이토록 유명하기는 헬렌 이전에도 이후에도 없었어요.

요즘도 마찬가지지만 더 먼 옛날에는 장애인에 대한 편견이 컸어요. 그런데도 헬렌 켈러는 장애를 넘어서 전 인류에게 영향을 미치는 사람이 되었어요. 《허클베리 핀의 모험》과 《톰 소여의 모험》을 쓴 마크 트웨인은 천 년이 지나도 헬렌 켈러의 이름이 기억될 것이라며 칭송했지요.

헬렌 켈러는 처음부터 장애인은 아니었어요. 태어난 지 19개월 만에 병을 앓고는 보지도 듣지도 말하지도 못하는 장애를 겪게 되었지요. 갑자기 어둠과 고요의 세계에 갇히게 된 헬렌은 본능에 의지해 짐승처럼 살았어요.

이런 헬렌 켈러의 삶이 완전히 바뀌었어요. 바로 앤 설리번이라는 스승을 만나면서부터지요. 설리번 선생님은 헬렌에게 빛과 소리를 주었고, 헬렌은 어둠과 고요의 세계를 뚫고 세상으로 나왔어요.

세상에 나온 헬렌 켈러는 볼 수 있는 사람보다 더 많은 걸 보았고, 들을 수 있는 사람보다 더 많은 걸 들었고, 말할 수 있는 사람보다 더 많은 걸

말했어요. 사람들은 기적과도 같은 일이라며 놀라워했지만, 순전히 헬렌 켈러와 앤 설리번 선생님이 만들어 낸 노력의 결과였어요.

이런 결실은 헬렌 자신이 무엇을 원하는지, 무엇을 해야 하는지를 아주 잘 알고 있었기에 가능한 일이었어요. 헬렌은 어떤 상황에서도 뒤로 숨지 않고 자신과 이 세상을 똑바로 바라보았어요. 그리고 말했지요.

"삶이 용감한 모험이 아니라면 아무것도 아니다."

헬렌 켈러의 용감한 모험 이야기를 만나러 가 볼까요?

윤해윤

차례

지은이의 말 4

1. 남들과 다른 아이
병든 아이 13
운명적 만남 19
새롭게 펼쳐진 세상 26

2. 세상을 향한 도전
상처 33
기적을 일으킨 소녀 43
작가, 또 다른 도전 54

3. 차별 없는 세상을 꿈꾸며
강연 무대에 서서 65
사회개혁가 헬렌이 꿈꾸는 세상은 70
장애인과 함께하는 삶 78

4. 현실의 굴레 속에서

파경   85

단 하나의 사랑   90

무대 위 인생   96

5. 긍정의 오뚝이

세상에서 가장 위대한 스승   107

사흘만 볼 수 있다면   113

나는 행복했습니다   120

헬렌 켈러의 삶이 우리에게 준 것들   128

1. 남들과 다른 아이

병든 아이

아름다운 금발에 뽀얀 피부, 신비로운 푸른 눈동자를 지닌 케이트 애덤스는 아주 뛰어난 미인이었어요. 케이트는 미국 테네시 주 멤피스 마을에서 여신으로 통했어요. 명문가 집안에서 태어나 부모님의 사랑을 듬뿍 받았고 사치를 누리며 살았지요.

그런데 마을 총각들을 제치고 케이트의 마음을 사로잡은 남자가 있었어요. 아서 켈러라는 남부 명문가 출신의 남자로, 마흔두 살인 그는 1년 전에 아내와 사별했고 아들이 둘 있었지요. 하지만 꽃 같은 나이 스물두 살의 케이트는 부유하고 쾌활한 데다 유머가 많은 아서에게 흠뻑 빠졌어요. 아서는 케이트에게 청혼했고, 두 사람은 곧 결혼했어요.

그리고 앨라배마 주의 작은 도시 터스컴비아에 있는 아서의 집으로 함께 왔어요. 이 집은 아서의 부모님이 지은 것으로, 엄청 넓은 정원에 갖가지 나무와 꽃이 자랐지요. 정원에는 집이 두 채 있었는데, 하나는 본채고 다른 하나는 별채였어요. 본채에는 케이트와 나이가 크게 차이 나지 않는 아서의 두 아들이 살고 있었기에, 켈러 부부는 별채를 쓰며 그곳에서 신혼을 즐겼지요.

철부지 케이트는 결혼하고 나서야 무언가 잘못되었다는 것을 깨

헬렌이 태어난 아이비 그린의 정원. 헬렌이 어릴 적부터 좋아해 '헬렌 켈러 나무'로 불렸던 커다란 참나무는 2015년 수명이 다해 베어 냈다고 해요.

달았어요. 실제로 아서는 명문가 출신이긴 했지만 케이트가 생각한 것만큼 부유하지는 않았어요. 그는 남부의 상류층 행세를 하며 자신이 엄청난 부자라도 되는 양 떠벌리고 다녔던 것이지요. 케이트는 결혼 생활에 실망했지만 유머 있고 인심 좋은 남편을 의지하며 살기로 했답니다. 아서는 면화 농장과 신문사를 운영했는데, 수입이 아주 넉넉하지는 않았어요.

 1880년 6월 27일, 햇살이 눈부시게 비치는 날, 케이트는 첫 아이를 낳았어요. 딸이었지요. 자신을 똑 닮은 부드러운 금발 곱슬머리에 푸른 눈동자, 뽀얀 피부는 마치 축복처럼 느껴졌어요. 아기는 어머니의 아름다움과 영리함을, 아버지의 낙천성과 사교성을 그대로 물려받았지요.

켈러 부부는 아이의 이름을 헬렌 애덤스 켈러라고 지었어요. 헬렌은 '빛'을 뜻하는데, 케이트는 딸아이의 삶이 밝은 햇살처럼 환하게 빛나기를 바랐지요. 헬렌은 별채에서 지내며 넓은 정원의 나무와 꽃과 함께 자라났답니다.

케이트는 마당에 직접 과일과 채소를 심었고, 닭과 칠면조를 키웠으며, 아름다운 장미와 화초도 가꾸었어요. 헬렌과 식구들은 이 집을 '아이비 그린'이라고 불렀어요. 푸른 아이비 식물이 온통 울타리를 뒤덮고 있었기 때문이지요.

1882년 2월, 두 살배기 헬렌이 갑자기 아프기 시작했어요. 열이 펄펄 끓어올랐지요. 의사는 뇌와 위에 이상이 생겨서 곧 죽게 될 거라고 했어요. 켈러 부부는 하늘이 무너지는 것 같았어요. 특히 엄마인 케이트는 절망했어요. 케이트에게 헬렌은 세상 전부였거든요. 케이트는 헬렌 옆을 잠시도 떠나지 않고 돌보았어요. 기적이 일어나기를 간절히 바라면서요.

그런데 정말로 기적이 일어났어요. 어느 날 열이 싹 내렸어요. 열이 내린 헬렌은

오랫동안 잠을 잤어요. 자는 내내 눈에 따끔한 고통을 느꼈지요. 이런 고통을 알지 못했던 켈러 부부는 헬렌이 이제 다 나았다고 생각하며 기뻐했어요.

헬렌은 죽음의 문턱에서 살아났지만 이전과는 달랐어요. 어떠한 것에도 반응하지 않았어요. 아무것도 보지 못했고, 아무것도 듣지 못했어요. 훗날 헬렌은 자서전 《내가 살아온 이야기 The story of my life》에 이렇게 기록했어요.

잠에서 깨어나 보니 주변이 온통 깜깜하고 고요했다. 밤이라고 생각했고, 낮이 왜 이렇게 안 오는지 궁금했다. 하지만 점점 어둠과 고요에 익숙해졌다. 그리고 곧 낮이 있다는 것 자체를 잊었다.

병을 앓고 난 헬렌은 보지도 듣지도 못했어요. 듣지 못하니, 말도 못했지요. 갑자기 어둠과 고요가 찾아오자 헬렌은 난폭해졌어요. 버럭 화를 내고 옆에 있는 사람을 물어뜯고 할퀴고 꼬집었어요. 손에 닿는 것이면 무엇이든 부수었고, 크게 소리를 지르며 생떼를 썼어요.

헬렌의 이런 행동은 앞을 못 보는 시각장애인에게 나타나는 특징이라 할 수 있어요. 볼 수 없기에 주변 사람들과 소통할 수 없다는 깊은 좌절감에서 생긴 분노가 행동으로 나타나는 것이지요. 식탁 앞에 앉은 헬렌은 두 손에 잡히는 대로 음식을 입에 쑤셔 넣었어요. 아무도 사나운 헬렌을 막지 못했어요.

켈러 부부는 앞날이 캄캄했어요. 케이트는 하루하루를 눈물로 지냈어요. 헬렌은 한시도 엄마 곁에서 떨어지지 않았고, 케이트는 딸아이의 난폭하고 사나운 행동에 어떻게 반응해야 할지 몰라 늘 불행한 표정을 지었어요.

하지만 절대로 헬렌을 포기하지 않았어요. 켈러 부부의 고통을 보다 못한 주변 사람들이 헬렌을 보호시설에 보내라고 말했어요. 케이트는 이런 말에 꿈쩍도 하지 않았어요. 켈러 부부는 헬렌의 눈을 고칠 수 있다는 희망을 버리지 않고 유명하다는 안과 의사는 다 찾아다녔어요.

헬렌이 다섯 살 되던 해에 여동생 밀드러드가 태어났어요. 동생이 생기자 헬렌은 더욱 사나워졌어요. 툭하면 아기를 때리고 엄마를 독차지하려고 더욱 투정을 부렸어요. 자기 의사를 제대로 표현하지 못하는 헬렌의 좌절감은 점점 더 깊어졌고, 그럴수록 말썽도 심해졌지요.

당시 헬렌과 유일하게 놀아 주는 아이가 있었어요. 마사라는 흑인 아이였는데, 헬렌의 집 요리사 딸이었어요. 헬렌보다 세 살 위인 마사는 헬렌을 잘 이해해 주었어요. 헬렌이 물어뜯고 꼬집어도 피하지 않고 함께 놀아 주었지요.

두 아이는 장난이 심한 편이었어요. 둘은 주방에서 밀가루 반죽을 하거나 커피콩을 갈면서 장난을 쳤어요. 종이인형 놀이도 하고, 가위로 멀쩡한 구두끈을 끊어 놓아 어른들을 긴장시켰어요. 심지어는 서로 머리카락을 잘라 주는 위험한 놀이까지 했으니까요.

　마사는 헬렌에게 끊임없이 자극을 주어 감각을 잃어버리지 않고 느낄 수 있게 해 주었어요. 오늘날 의사들은 마사가 없었다면 우리가 아는 헬렌 켈러는 없었을지도 모른다고까지 말하며 마사의 존재를 높이 평가하고 있어요.

운명적 만남

헬렌은 일곱 살이 되었어요. 이제 학교에 들어갈 나이가 된 것이지요. 켈러 부부는 헬렌을 교육할 방법에 대해 고민이 컸어요. 시각장애인학교나 청각장애인학교는 집에서 너무 멀어 어린 헬렌이 다닐 수가 없었거든요.

그즈음 헬렌은 어렴풋이 자신이 남들과 다르다는 것을 알았어요. 자신의 감정이 제대로 전달되지 않으니 자꾸 울화통이 터졌어요. 그럴수록 헬렌은 원하는 것을 정확히 표현하고 싶어 안달이 났지요. 켈러 부부는 서둘러서 방법을 찾아야 했답니다.

어느 날 켈러 부부는 볼티모어에 유명한 안과 의사가 있다는 소식을 듣고 헬렌을 데리고 찾아갔어요. 하지만 헬렌의 눈을 치료할 방법이 없다고 했지요. 실망한 켈러 부부에게 의사가 알렉산더 그레이엄 벨 박사를 찾아가 보라고 했어요. 청각장애인의 발성법을 연구하는 벨 박사님은 헬렌을 교육할 방법을 알고 있을 거라고 했지요.

켈러 부부는 실낱 같은 희망을 안고 벨 박사님을 찾아갔어요. 벨 박사님은 헬렌을 보자마자 텅 빈 느낌을 받았어요. 뜻밖에 헬렌은 박사님이 마음에 들었어요. 따뜻함을 느꼈던 거지요. 헬렌은 벨 박사님의 시계에 호기심을 보였어요. 그것을 눈치챈 박사님은 헬렌을 무릎

전화를 발명한 알렉산더 그레이엄 벨. 벨 박사는 헬렌은 물론 설리번 선생님과도 진실된 우정을 나누었어요.

에 앉히고는 시계를 가지고 놀도록 했어요. 훗날 헬렌은 이 날을 자서전에 기록했어요.

그때 나는 꿈에도 생각하지 못했다. 벨 박사님을 만난 일이 어둠의 세계에서 빛의 세계로 들어가는 문이 되리라고는.

벨 박사님은 헬렌을 교육할 방법을 알려 주었어요. 보스턴에 있는 퍼킨스 시각장애학교 애너그노스 교장 선생님에게 연락을 해 놓을 테니, 가정교사를 소개받으라고 했어요.

그는 분명히 헬렌을 교육할 방법을 알고 있을 거라고 했어요. 그 말을 듣자마자 헬렌의 아버지는 교장 선생님에게 편지를 썼어요. 헬렌의 상태를 설명하고는 제대로 교육해 줄 가정교사를 찾아 달라는 내용이었지요.

편지를 읽고 나서 애너그노스 교장 선생님은 머릿속에 스치는 사람이 있었어요. 앤 설리번, 이제 막 퍼킨스 학교를 졸업한 학생으로, 누군가를 가르친 경험은 없었지만 졸업생 중에 실력이 가장 뛰어났지요. 또 헬렌과 비슷한 장애를 앓았던 로라 브리지먼과 함께 지낸 경험이 있어 이 일을 하기에 딱 맞는 사람이라고 생각했어요.

앤 설리번은 퍼킨스 시각장애학교를 6년간 다녔고 수석으로 졸업했어요. 앤의 어린 시절은 무척 가난하고 어려웠어요. 다섯 살 때 무서운 눈병인 트라코마에 걸려서 시력이 나빠졌지요. 아버지는 알코올중독자였고, 어머니는 결핵으로 세상을 떠났어요. 앤과 남동생 지미, 여동생 메리를 남겨 놓은 채로요. 그때 앤의 나이 겨우 여덟 살이었지요.

앤의 아버지는 무책임한 사람이었어요. 여동생 메리는 친척 집으로, 앤과 지미는 빈민 보호시설로 가게 되었답니다. 시설에서의 생활은 악몽 그 자체였어요. 수많은 아이가 죽어 나갔고, 결국 동생 지미도 그곳에서 세상을 떠났지요. 앤은 사랑하는 동생 지미를 잃은 슬픔과 비참한 빈민 보호시설의 기억을 떨치지 못하고 평생 힘겨워했어요.

1880년 10월, 열네 살의 앤 설리번은 보스턴에 있는 퍼킨스 시각장애학교에 갈 기회를 잡았어요. 앤으로서는 크나큰 행운이었지요. 하지만 앤은 학교생활에 잘 적응하지 못했어요. 친구들과도 어울리지 못해 늘 외톨이였지요.

이제 막 교장이 된 애너그노스는 까다롭지만 영리하고 똑똑한 앤이 마음에 들었어요. 그래서 언제나 혼자인 앤을 따뜻하게 보살펴 주었고, 도움도 주었어요.

애너그노스 교장 선생님 덕분에 앤은 후원을 받아서 두 번에 걸친 눈 수술을 받았어요. 덕분에 시력도 많이 좋아졌어요. 졸업하고 무엇을 할지 고민하던 차에 교장 선생님으로부터 헬렌을 가르쳐 보라는 편지가 왔어요. 이 편지는 앤에게 새로운 삶을 향한 설렘을 주었답니다.

하지만 두려움도 컸어요. 누군가를 가르쳐 본 경험이 없는 데다, 보지도 듣지도 말하지도 못하는 어린아이를 제대로 가르칠 수 있을지 자신이 없었거든요. 애너그노스 교장 선생님은 이런 앤의 마음을 다독이며 잘해 낼 수 있을 거라고 용기를 주었어요.

앤 설리번은 용기를 내어 도전하기로 했어요. 헬렌과 처지가 비슷했던 로라 브리지먼이 배웠던 방법을 빠짐없이 조사하며 헬렌을 가르칠 준비를 했어요. 교장 선생님은 헬렌의 아버지한테 앤 설리번을 가정교사로 추천한다는 편지를 썼지요.

1887년 3월 3일, 앤 설리번은 헬렌이 사는 앨라배마 주 터스컴비아 기차역에 도착했어요. 헬렌의 엄마 켈러 부인이 마중을 나갔어요. 켈러 부인은 고집스러워 보이는 앤 설리번이 썩 마음에 들진 않았어요. 거친 딸아이를 잘 다룰 수 있을지 걱정도 되었고요.

마차를 타고 헬렌의 집에 도착한 앤 설리번은 문 앞에 서 있는 여자아이를 봤어요. 그 아이가 헬렌이라는 것을 바로 알았지요. 앤은 가슴이 두근거렸어요.

헬렌은 아무 말 없이 현관에 서 있었어요. 집안 분위기로 보아

손님이 올 것이 뻔했기 때문이에요. 평소와 다른 느낌에 헬렌도 두근거리긴 마찬가지였어요.

앤 설리번은 천천히 다가가서 헬렌의 손을 잡고 품에 꼭 안으려고 했어요. 그러자 낯선 냄새를 맡은 헬렌은 거칠게 몸부림치며 앤의 품에서 빠져나갔어요. 이것이 두 사람의 첫 만남이었지요. 훗날 헬렌은 이때의 만남에 대해 자서전에 기록했어요.

헬렌의 평생 스승이자 삶의 동반자였던 앤 설리번 선생님

지금까지 내 삶에서 가장 중요한 날은 앤 설리번 선생님께서 내게 오신 날이다. 그날을 사이에 두고 이어지는 두 삶의 어마어마한 차이를 생각하면 놀랍기 그지없다.

설리번 선생님은 헬렌이 몹시 허약한 아이일 거라고 생각했어요. 그런데 막상 만나 보니 건강해 보였어요. 아픈 아이가 아니었지요. 아이는 몸집도 크고 살결도 발그스레하며 움직임도 활발했어요.

선생님은 헬렌이 마음에 들었어요.

하지만 헬렌은 처음 만난 설리번 선생님한테 몹시 사나웠어요. 자신을 가르치러 왔다는 걸 알 리가 없었으니까요. 이렇게 두 사람의 운명적인 만남이 시작되었어요.

어느 정도 예상은 했지만 헬렌은 생각보다 더 포악하고 버릇이 없었어요. 식탁에서 밥을 먹을 때도 엄마 아빠는 물론 설리번 선생님

접시의 음식까지도 손으로 마구 집어먹었지요. 아주 게걸스럽게요. 마치 짐승의 모습과도 같았다고 할까요? 이 모습을 본 설리번 선생님의 고민은 깊어졌어요.

'어떻게 해야 저 천방지축 아이를 잘 가르칠 수 있을까?'

새롭게 펼쳐진 세상

　설리번 선생님은 제멋대로인 헬렌을 가족과 떨어뜨려야겠다고 생각했어요. 응석을 받아 주는 부모님이 헬렌을 가르치는 데 방해가 되었기 때문이지요. 헬렌을 통제하려면 그 방법뿐이라는 생각이 들었어요.
　설리번 선생님은 결심을 굳히고 켈러 부부에게 말했어요. 선생님의 마음을 이해한 켈러 부부는 그 말을 따르기로 하고, 헬렌이 태어났던 별채를 쓰라고 했어요. 도와줄 어린 하인 한 명도 함께 딸려 보냈지요.
　이사하는 날 선생님은 헬렌과 말을 타고 일부러 멀리 돌아서 별채에 도착했어요. 헬렌에게 집과 아주 멀리 떨어진 곳으로 간다는 생각을 심어 주려고요. 그래야 헬렌이 선생님과 단둘이만 산다고 느낄 수 있을 테니까요.
　첫날 헬렌은 흥분해서 제정신이 아니었어요. 발버둥치며 괴성을 질러 댔지요. 옷을 갈아입히려고 해도 자꾸 바닥에 집어 던졌어요. 보지도 듣지도 말도 못하는 헬렌은 엄마가 그리웠어요. 하지만 아무리 기다려도 엄마는 오지 않았지요.
　이런 모습을 지켜보는 부모님의 마음은 찢어질 듯이 아팠어요.

당장 저 고집스러운 설리번을 돌려보내고 싶은 마음이 굴뚝같았지요.

하지만 꾹 참아야 했어요. 헬렌을 저 상태로 자라게 할 수는 없었거든요.

이렇게 식구들과 떨어져서 교육을 받자 조금씩 효과가 나타나기 시작했어요. 어리광을 받아 줄 사람이 없다는 것을 안 헬렌은 얌전해졌지요. 선생님은 헬렌에게 인형을 주면서 손바닥에 '인형 *doll*'이란 글자를 써 주었어요. 이런 식으로 글자를 가르칠 셈이었지요.

헬렌의 어린 시절

헬렌이 뭔가를 만지면 설리번 선생님은 곧바로 헬렌 손바닥에 그 철자를 빠르게 써 주었어요. 그럴 때마다 헬렌은 사납게 손바닥을 빼면서 무시했지만 선생님의 이런 행동은 계속되었지요. 그러던 어느 날 헬렌은 물건과 손바닥의 움직임 사이에 어떤 관계가 있다는 것을 어렴풋이 깨달았어요. 헬렌의 숨은 지성이 꿈틀거리기 시작한 거예요.

별채에 온 지 2주가 지나자 헬렌은 눈에 띄게 좋아졌어요. 제멋대로 굴면 선생님은 손바닥에 글을 써 주지 않았고, 헬렌이 무슨 행동을 해도 가만히 있기만 했어요. 그럴 때마다 헬렌은 외로움을 느꼈어요. 정확히 무엇을 의미하는지는 알 수 없었으나 손바닥에 생기는 선생님의 빠른 손놀림이 그리워졌지요.

헬렌을 어느 정도 다룰 수 있게 되자 설리번 선생님은 본채로 돌아왔어요. 다시 식구들을 만난 헬렌은 기쁘고 행복했어요. 새삼 가족의 소중함을 알게 되었지요.

1887년 4월 5일, 선생님과 헬렌은 오솔길을 산책하다가 펌프 옆에 멈추어 섰어요. 선생님은 '물water'이라는 글자를 알려 줄 생각으로 펌프에서 뿜어져 나오는 물 아래에 헬렌의 한 손을 갖다 대었지요. 차가움이 손을 타고 온몸에 전해졌어요.

선생님은 헬렌의 다른 쪽 손에 천천히 '물'이라고 썼어요. 헬렌은 펌프에서 콸콸 쏟아지는 물줄기의 차가움을 느끼며 가만히 서 있었어요. 선생님은 헬렌의 손바닥에 다시 한 번 '물'이라고 빠르게 썼어요.

순간 헬렌은 온몸이 짜릿했어요. 갑자기 어둠이 걷히는 듯했어요. 잠시 뒤 헬렌은 선생님 손바닥에 '물'이란 글자를 생각해 내어 썼어요. 이제야 헬렌은 한 손에서 느껴지는 차가운 것의 이름이 '물'이라는 것을 깨달았어요.

'아, 이 세상 모든 것에는 이름이 있구나!'

비로소 헬렌은 선생님의 손놀림을 이해하기 시작했어요. 어렴풋이 짐작하던 것이 확실해지는 순간이었어요. 집으로 돌아온 헬렌은

선생님에게 손에 잡히는 대로 그것의 이름을 물었어요. 그날 헬렌은 아주 많은 글자를 배웠어요. 이제는 세상과 소통할 방법을 찾게 된 것이지요. 헬렌은 훗날 어린 시절에 대해 이렇게 표현했어요.

    선생님께서 오시기 전에 나는 내가 누구인지 몰랐다. 나는 그저 허깨비였다. 나는 하나의 물체일 뿐이었고, 내 속은 텅 비어 있었다. 과거도 현재도 미래도 없었다. 희망도 바람도 놀라움도 기쁨도 사랑도 전혀 없었다.

2. 세상을 향한 도전

상처

헬렌은 아침에 눈만 뜨면 글공부를 시작했어요. 설리번 선생님은 헬렌이 글공부에 열중하자 낱말을 볼록하게 인쇄한 카드를 만들어 가르쳤어요. 1년 동안 헬렌이 깨우친 낱말만도 9백 개가 넘었지요.

헬렌이 많은 걸 알아 갈수록 선생님은 벽에 부딪혔어요. 각오는 하고 있었지만, 보지도 듣지도 말하지도 못하는 아이에게 글을 가르친다는 것이 여간 어렵지 않았어요. 특히 추상적인 것을 가르칠 때는 더욱 힘겨웠어요.

어느 날 헬렌이 손바닥 글씨로 물었어요.

"선생님, 사랑이 뭐예요?"

"사랑은 해가 나오기 전 하늘에 있는 구름 같은 거야."

선생님이 대답했지만 헬렌은 이해하기 힘들었어요.

"헬렌, 구름은 만질 수 없지만 비는 느낄 수 있지. 무더운 여름에 비가 내리면 얼마나 반갑겠니? 사랑은 구름처럼 만질 수는 없단다. 하지만 사랑에서 나오는 그 달콤함을 우리는 느낄 수 있지. 사랑이 없다면 행복하지도 않고 웃고 싶지도 않아."

선생님이 아무리 사랑을 설명하려고 해도 헬렌에게는 정확히 와

닿지가 않았어요. 이럴 때마다 헬렌은 답답해 미칠 것 같았지요. 하지만 선생님은 서두르지 않았어요. 어차피 시간이 지나면 이해하게 될 테니까요.

헬렌은 세상의 모든 것이 궁금했어요. 아기가 어디서 생기는지, 다른 생명은 어떻게 태어나는지, 꽃은 어떻게 피는지……. 정말로 호기심이 많았지요. 그럴 때마다 설리번 선생님은 차근차근 인내심을 가지고 헬렌이 이해할 때까지 손바닥 글씨를 써 주었어요.

헬렌은 새로운 것을 알아 가는 재미에 푹 빠졌어요. 떼쓰며 제멋대로였던 사나운 아이는 사라졌지요. 켈러 부부는 딸아이가 이렇게 변해 가는 것이 믿기지 않았어요. 참으로 설리번 선생님께 감사할 따름이었지요.

헬렌과 함께한 지 1년이 지나자 설리번 선생님은 이제 헬렌의 손바닥에 책 내용을 써 주기 시작했어요. 《안데르센 동화집》과 《아라비안나이트》 같은 동화책은 물론이고, 롱펠로, 에드거 앨런 포 같은 시인들의 아름다운 시도 알려 주었어요. 훗날 헬렌은 자서전에 설리번 선생님의 도움에 대해 썼어요.

선생님은 언제나 내 곁에 계셨다. 그래서 나와 선생님을 떼어 놓고 생각할 수 없다. 아름다운 것을 대할 때 느낀 기쁨 중에 얼마큼이 나 스스로 느낀 것이고, 얼마큼이 선생님의 영향인지 분간하긴 어렵다. 선생님은 나와 분리될 수 없는 사람이다. 내 삶의 발자국은 선생님 삶의 발자국과 똑같다. 내가 지닌 좋은 점은 모두 선생님으로부터 받은 것이다. 내 재능과 영감, 기쁨 등은 모두 선생님의 사랑의 손길로 탄생한 것이다.

    설리번 선생님은 헬렌을 가르친 과정을 보고서로 써서 애너그노스 교장 선생님께 보냈어요. 결과에 만족한 교장 선생님은 헬렌 이야기를 세상에 알렸어요. 그러자 갑자기 세상이 헬렌 이야기로 떠들썩해졌어요. 기적과도 같은 일이 일어났다고요.

    헬렌은 각종 신문과 잡지에 오르내렸고, 사람들은 설리번 선생님이 가르친 시각·청각장애인 교육법에 관심을 갖기 시작했어요. 헬렌이 성공했다면 다른 장애인들한테도 희망이 생긴 것이었으니까요.

    설리번 선생님을 소개받도록 주선해 준 알렉산더 그레이엄 벨 박사님은 신문에 난 기사를 읽고는 무척 기뻐하며 헬렌에게 편지를 썼어요. 그 뒤로 벨 박사님은 헬렌과 수많은 편지를 주고받으며 깊은 우정을 나누었어요. 또한 벨 박사님은 헬렌뿐 아니라 설리번 선생님과도 좋은 관계를 맺었어요.

    설리번 선생님이 온 지 1년 2개월쯤 지난 1888년 5월, 헬렌에게 신나는 일이 생겼어요. 엄마와 선생님과 함께 보스턴으로 여행을 떠나기로 했거든요. 보스턴의 퍼킨스 시각장애학교 졸업식에 설리번 선생님과 헬렌이 초대되었어요. 가는 도중에 워싱턴에 들러서 대통령도 만날 계획이었어요. 헬렌은 이 여행에 기대가 컸어요. 바깥세상

을 향한 호기심이 가득 차 있었기 때문이에요.
 워싱턴에 도착한 헬렌 일행은 백악관으로 갔어요. 그로버 클리블랜드 대통령이 헬렌을 초대했거든요. 이때부터 헬렌은 앞으로 당선되는 열 명이 넘는 미국 대통령을 모두 만나는 행운을 누렸어요. 어린 헬렌은 대통령을 만난 것이 무척 자랑스러웠어요. 헬렌은 이때의 일을 이렇게 적었어요.

 우리는 클리블랜드 대통령을 만나러 백악관으로 갔다. 대통령은 엄청 크고 아름다운 하얀 집에 산다. 그곳에는 예쁜 꽃과 수많은 나무, 금방 돋아난 푸른 잔디가 있었다. 대통령은 나를 만난 것이 무척 즐겁다고 했다.

 대통령을 만난 뒤 헬렌 일행은 보스턴으로 가서 예정대로 퍼킨스 시각장애학교 졸업식에 참석했어요. 그곳에서 또래 친구들을 만났고, 그들과 함께 손바닥 글씨를 써서 대화를 주고받았어요. 헬렌은 선생님이 아닌 다른 사람과 대화하는 것이 신기했고 무척 즐거웠답니다.
 또 난생처음 배도 타 보았어요. 증기선을 타고 항구 도시 플리머스에도 갔지요. 플리머스는 종교의 자유를 찾아 메이플라워호를 타고 영국을 떠난 선조들이 미국에 첫발을 디딘 역사 깊은 곳이에요. 헬렌은 청교도들이 처음 밟은 거대한 플리머스 바위를 만져 보고는

짜릿한 전율을 느꼈어요. 먼 조상님들의 숨결을 느끼는 듯했다고나 할까요.

헬렌은 보스턴에 머무는 동안 여러 행사에 초대를 받았어요. 사람을 만나는 것이 즐거운 헬렌은 언제나 웃는 얼굴로 찾아갔어요. 아버지에게서 물려받은 긍정적인 성격은 헬렌의 삶을 더욱 풍성하게 해 주었지요.

여행을 마치고 돌아온 헬렌은 보스턴을 '친절한 사람들의 도시'라고 생각했어요. 좋은 사람을 많이 만났기 때문이에요. 그 뒤로 헬렌은 거의 해마다 보스턴을 찾았고, 퍼킨스 시각장애학교에도 들렀어요. 그때마다 애너그노스 교장 선생님은 헬렌을 배려해 학교의 모든 시설을 마음대로 이용할 수 있게 해 주었어요.

학교에는 신기한 학습 자료가 많았는데, 그중에서도 동물 박제는 헬렌이 자연을 이해하는 데 큰 도움이 됐어요. 손으로 더듬어서 동물의 생김새와 크기를 알 수 있었거든요.

또 학교 도서관에는 점자책이 많았어요. 점자는 앞을 못 보는 사람들이 손가락을 더듬어서 읽을 수 있도록 만든 글자를

퍼킨스 시각장애학교

말해요. 헬렌은 이 학교에서 점자 공부를 했어요. 프랑스어도 배웠어요. 뜻밖에 헬렌은 언어에 소질이 있었어요. 덕분에 실력은 하루가 다르게 늘어만 갔답니다.

　헬렌에겐 간절한 소망이 있었어요. 그것은 남들처럼 목소리로 말하는 것이었어요. 말만 배울 수 있으면 어떤 고난도 극복할 준비가 되어 있었지요. 열 살 무렵 우연히 시각·청각장애 여자아이가 입술을 움직여 말하는 법을 배웠다는 이야기를 들은 헬렌은 설리번 선생님에게 말을 배울 수 있는 선생님을 찾아 달라고 애원했어요.

　설리번 선생님은 수소문해서 보스턴의 호레이스만 청각장애학교의 사라 풀러 교장 선생님이 말하는 법을 가르친다는 정보를 얻었어요. 그리고 무작정 헬렌을 데리고 풀러 교장 선생님을 찾아갔어요. 말하기를

점자를 만든 루이 브라유 조각상

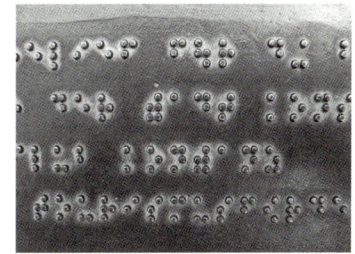

점자의 생김새

표지판에 쓰인 점자

배우고자 하는 의지에 감동한 풀러 교장 선생님은 헬렌을 가르치기로 했어요.

풀러 선생님은 헬렌에게 자신이 소리를 낼 때 손을 대고 입술과 혀의 떨림과 위치를 느껴 보라고 했어요. 풀러 선생님이 소리를 낼 때마다 혀와 입술의 위치가 바뀌었고 떨림도 달랐지요. 헬렌은 풀러 선생님의 입술과 혀를 따라서 소리를 내었어요. 하지만 헬렌이 낸 소리는 그저 소리일 뿐 말이라고 할 수는 없었어요. 무슨 말인지 알아들을 수 없었으니까요.

헬렌은 포기하지 않았어요. 온종일 말하기를 연습하고 또 연습했어요. 노력한 것에 비하면 더디게 나아졌지만 조금씩 헬렌은 말을 할 수 있게 되었어요. 헬렌의 노력을 기특하게 생각한 퍼킨스 시각장애학교의 애너그노스 교장 선생님은 학교 졸업식에서 간단하게 연설을 해 달라고 했어요. 씩씩한 꼬마 아가씨는 기꺼이 그 뜻을 받아들이고, 열심히 연습해서 짧은 연설을 했어요.

헬렌은 늘 애너그노스 교장 선생님이 고마웠어요. 언제나 따뜻하게 보살펴 주었고, 헬렌이 공부할 수 있게 도와주었으

니까요. 며칠 뒤면 교장 선생님의 생신이었어요. 헬렌은 진심을 담은 선물을 하고 싶었어요. 무엇이 좋을까 고민하다가 짧은 동화 한 편을 지어서 보냈답니다. 제목은 〈얼음 나라 왕 The Frost King〉으로, 눈으로 쌓인 아름다운 궁전에 사는 잭이라는 왕의 이야기였어요.

선물을 받은 교장 선생님은 헬렌이 이토록 재미난 이야기를 쓴 것이 무척 기특했어요. 그래서 그 글을 학교 잡지와 버지니아 특수교육협회가 발행하는 잡지 《굿선 가제트》에 실었어요. 그런데 문제가 생겼어요. 헬렌이 쓴 〈얼음 나라 왕〉이 마거릿 캔비가 쓴 〈얼음 나라 요정들〉과 무척 비슷하다는 거였어요. 사람들은 헬렌이 베껴 쓴 것이라고 수군거렸어요.

헬렌은 혼란스러웠어요. 〈얼음 나라 요정들〉에 대해 들은 적이 없었거든요. 헬렌은 어찌해야 할지 몰랐고, 설리번 선생님도 난처해졌지요.

이 사건으로 헬렌은 언론에 이름이 오르내렸고, 퍼킨스 시각장애학교의 조사위원회에 불려 나가서 조사까지 받았어요. 헬렌은 지칠 대로 지쳤어요. 무섭고 두려웠지요. 그때의 심정을 자서전에 밝혔어요.

그 사건을 겪은 뒤로 나는 글 쓰는 즐거움을 잊었다. 그때부터 글을 쓸 때마다 내가 쓰고 있는 것이 진정으로 내 머릿속에서 나온 것이 아닐지도 모른다는 두려움에 휩싸였다. 그 뒤로도 오랫동안, 편지를 쓸 때조차 그 내용이 책에서 읽었던 건 아닌지 자꾸 확인하는 습관이 생겼다. 설리번 선생님의 격려가 없었다면 난 이미 글쓰기를 포기했을 것이다.

〈얼음 나라 왕〉 사건을 조사하면서 3년 전에 만난 어느 부인이 헬렌에게 〈얼음 나라 요정들〉 이야기를 읽어 주었다는 사실이 밝혀졌어요. 헬렌은 그 사실을 까맣게 잊고 있었고요. 갑자기 머릿속에 이야기가 떠오르니 자신이 생각한 이야기인 줄 알고 쓴 것이지요. 그 뒤로 헬렌은 얘기를 하거나 편지를 쓰다가도 설리번 선생님에게 묻곤 했답니다.

"지금 이 말이 내 말이 맞나요?"

헬렌은 글을 쓰다가도 선생님에게 물었어요.

"만일 이 모든 것이 오래전에 누군가가 쓴 글이면 어떡하죠?"

〈얼음 나라 왕〉 사건이 헬렌에게 상처만 준 건 아니었어요. 그 뒤로 헬렌은 생각이 더욱 깊어졌고, 자신의 마음속에 무엇이 있는지를 좀 더 신중히 바라보게 되었기 때문이지요.

기적을 일으킨 소녀

헬렌은 여행을 참 좋아했어요. 여행에서 얻는 것이 많다는 것을 안 설리번 선생님은 헬렌과 자주 여행을 했어요. 1893년 3월, 헬렌과 설리번 선생님은 나이아가라 폭포를 구경하러 갔어요. 헬렌은 폭포를 볼 수는 없었지만 그 웅장한 울림만으로도 가슴이 탁 트이고 시원했어요.

두 사람은 세계박람회도 구경했어요. 콜럼버스가 아메리카 대륙을 발견한 400주년을 기념하는 박람회였어요. 박람회에서 낯선 것을 만지는 경험은 헬렌의 호기심을 자극했어요. 이런 자극은 몸 세포 하나하나에 영향을 주었고, 헬렌의 감각은 더욱 예리하고 섬세해졌어요. 헬렌은 그때의 감정을 자서전에 이렇게 적었어요.

박람회에 참석하면서 나는 새로운 낱말을 꽤 많이 알게 되었다. 박람회에서 3주를 보내고 나니 동화와 장난감을 좋아하던 나는 이제 실제로 존재하는 것을 이해하게 되었다.

헬렌은 무엇이든 배우기만 하면 스펀지처럼 빨아들였어요. 정상인보다도 훨씬 배움의 속도가 빨랐지요. 하지만 한 가지가 헬렌에게

좌절을 안겨 주었어요. 바로 말하기였어요. 말하기 실력은 계속 제자리걸음이었거든요. 말하기는 헬렌에게 노력해도 되지 않는 게 있다는 것을 뼈저리게 느끼게 해 주었어요.

1894년, 헬렌은 존 라이트와 토머스 휴메이슨 박사가 뉴욕에 새로 세운 청각장애인 특수학교에 입학했어요. 청각장애인들은 보통 수화로 대화해요. 수화란 손가락 모양이나 손 위치, 손 방향 등으로 생각을 표현하는 방식을 말하지요. 그런데 이 학교에서는 청각장애인들에게 말하기를 가르쳤어요. 헬렌은 이 수업을 듣고 싶었어요.

헬렌은 이미 수화를 알고 있었어요. 사람들은 볼 수 없는 헬렌의

수화 알파벳

손바닥에 대고 수화를 했어요. 헬렌은 손바닥에 전달되는 느낌으로 수화를 이해했지요. 설리번 선생님도 헬렌에게 책을 읽어 줄 때는 수화와 손바닥 글씨를 함께 쓰곤 했어요.

이즈음 설리번 선생님은 헬렌과 같은 장애인들이 받는 특수교육의 한계를 느꼈어요. 선생님은 헬렌이 보통 아이들과 똑같은 교육을 받는 것이 낫지 않을까 하는 의문에 휩싸였어요.

선생님은 헬렌의 손에 글을 써 줄 때에도 일반 아이들이 배우는 방식으로 가르쳤어요. 예를 들면 '배고파 죽겠어 *I can eat a horse*'와 같은 관용적 표현은 굳이 설명하지 않고, 배가 고픈 상황에서 계속해서 여러 번 손바닥에 써 주었어요. 그러면 헬렌은 관용어 자체를 잘 이해했고, 적절하게 사용했어요.

영리한 헬렌은 평범한 아이들이 배우는 방식을 잘 받아들였어요. 그렇기에 설리번 선생님은 헬렌이 굳이 특수교육을 받지 않아도 된다고 생각했어요. 하지만 헬렌이 남들처럼 말하는 것이 소원인 것을 알기에, 그리고 선생님도 헬렌이 남들처럼 말할 수 있기를 바라는 마음으로 뉴욕의 특수학교에 들어가 말하기를 배우기로 했지요.

라이트 휴메이슨 학교에서 시각·청각장애인은 헬렌 한 사람밖에 없었어요. 다른 친구들은 눈으로 사람의 입 모양을 읽어서 말하기를 흉내 내는데, 헬렌은 볼 수가 없으니 단지 손의 느낌에 의지할 수밖에 없었지요. 헬렌은 상대방 목과 입술에 왼손을 대고 떨림을 느꼈어요. 엄지는 목에, 검지는 입술에, 중지는 코에 갖다 대고 그 떨림을 느껴서 흉내 내는 방식으로 연습했어요. 잠도 자지 않고 노력하고 또 노력했는데도 이상하게 입술 읽기와 말하기는 별로 늘지 않았어요.

　말하기 실력이 늘지 않자 헬렌은 심한 압박을 받았어요. 별별 노력도 다해 보아도 소용이 없었지요. 이런 과정에서 헬렌은 자신과 똑같지 않은 다른 장애인들을 이해하는 힘이 커졌어요.

　헬렌의 고단한 스트레스를 풀어 준 건 뉴욕의 자연이었어요. 센트럴 파크나 허드슨 강으로 놀러 가는 건 즐거운 일이었어요. 헬렌은 자연 속에 있으면 마음이 안정되고 평화로워졌어요. 그리고 결국 말하기 실력이 늘지 않자 학교에 입학한 지 1년도 안 되어 집으로 돌아가기로 했어요. 말하기를 제대로 배우지 못해 실망이 컸지만 그렇다고 포기하진 않았어요. 또 기회가 있을 거라고 생각했지요.

　헬렌은 긍정적인 데다가 사람을 좋아해 뉴욕에서도 사람을 많이 사귀었어요. 그중에는 유명하고 부유한 사람들도 많았어요. 가장 대표적인 사람이 작가 마크 트웨인과 석유 재벌인 존 록펠러, 철강 재벌인 앤드루 카네기예요. 이들은 헬렌을 경제적으로 도와주었답니다.

　사람들에게 호의적이지 않던 마크 트웨인마저도 헬렌을 처음 만나자마자 이 꼬마 아가씨의 매력에 흠뻑 빠지고 말았어요. 마크 트웨인은 헬렌이 무척 놀라운 아이라고 생각했어요. 딱히 무엇을 만진 것도 아니고 소리를 듣지도 못하는데도 주변에서 일어나는 상황을 제대로 이해하고 있었기 때문이었지요. 훗날 마크 트웨인은 '헬렌 켈러는 잔 다르크 이후 가장 훌륭한 여성'이라고 평가했어요.

 1896년 8월, 헬렌에게 슬픈 일이 생겼어요. 아버지가 갑작스럽게 세상을 떠난 거예요. 헬렌과 설리번 선생님이 매사추세츠에 있을 때 이 슬픈 소식이 전해졌어요. 아버지가 세상을 떠났다는 소식에 헬렌은 어찌해야 할지를 몰랐어요. 너무나 슬프고 무서웠거든요.

 헬렌은 서둘러 아버지 장례식에 가려고 했어요. 그런데 엄마는

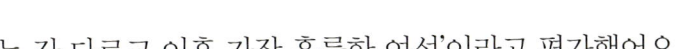

헬렌의 건강 때문에 오는 것을 반대했어요. 무더운 8월, 아버지를 좋아한 헬렌이 장례식에 와서 슬픔으로 건강을 해칠 것을 걱정했지요. 장례식에도 가지 못한 헬렌은 아버지가 그리워 한동안 꽤 외로운 시간을 보냈어요.

슬픔에 잠긴 헬렌은 신앙에 의지했어요. 그즈음 헬렌은 신학자 에마누엘 스베덴보리의 사상에 푹 빠져 있었어요. 헬렌은 아버지가 천국에 가서 살아생전에 하지 못한 일을 하며 즐거워할 거라고 믿으며 슬픔을 떨쳐 냈어요.

열여섯 살이 되어 외모가 눈에 띄게 아름다워진 헬렌은 소망이 하나 있었어요. 특수학교가 아닌 평범한 학생들이 다니는 학교에 다니고 싶었지요. 그들과 함께 공부하고 싶었어요. 언젠가부터 헬렌의 꿈은 하버드 대학에 들어가는 것이었어요. 그러려면 장애가 없는 사람들과 경쟁을 해야 했지요. 훗날 헬렌이 말했어요.

"사람들은 불가능이라 했지만 난 포기하지 않았어요. 분명히 기회가 있을 거라고 생각했어요."

'뜻이 있는 곳에 길이 있다'는 말처럼 헬렌이 평범한 친구들과 함께 공부할 길이 열렸어요. 보스턴의 케임브리지 여자고등학교에서 헬렌을 받아 주기로 한 거예요. 이 학교에서 5년간 공부하며 대학 입학 준비를 하기로 했어요. 헬렌은 지금과는 사뭇 다른 환경에서 공부한다는 것이 설레었고, 대학에 갈 수 있다는 것이 기뻤어요.

무지갯빛 꿈을 안고 헬렌은 케임브리지 학교에 들어갔어요. 하지만 첫날부터 벽에 부딪혀야 했지요. 안타깝게도 케임브리지 선생님들은 장애인을 가르쳐 본 경험이 전혀 없었어요. 또 그곳 학생들도 장애인과 공부해 본 경험이 없었기에 헬렌을 어떻게 대해야 할지 몰랐어요. 어려운 고비에 부딪혔지만 보지도 듣지도 말하지도 못하는 헬렌은 입술을 읽는 기술과 점자책, 그리고 설리번 선생님에 의지해서 이 불가능할 것만 같은 일에 도전을 시작했어요.

학교에는 점자로 된 교과서도 없었고, 선생님들도 헬렌을 따로 지도해 주지 않았어요. 헬렌이 수업을 들을 때면 어김없이 설리번 선생님이 옆에서 수업 내용을 헬렌의 손에 적어 주었어요. 선생님에게는 참으로 고되고 힘겨운 일이었지요.

헬렌 역시 외로웠어요. 이전 학교와는 다르게 의사소통이 되질 않아 친구들과 가까워지기가 어려웠어요. 다행히 다음 해에 헬렌의 여동생 밀드러드가 이 학교에 들어왔어요. 동생과 함께 학교에 다니니 외로움도 줄어들었고, 다른 친구들도 생겼어요.

케임브리지 교장 선생님과 독일어 선생님이 적극적으로 헬렌의 공부를 돌봐 주었어요. 헬렌을 위한 점자책과 학습도구가 학교에 들어오기 시작했어요. 또 헬렌이 공부하는 데 불편함이 없도록 경제적으로 많은 사람이 후원해 주었어요. 헬렌이 꼭 성공하기를 바라는 사람이 많았지요.

처음에 헬렌은 이 학교를 5년 동안 다니기로 했는데, 1학년을 마치고 보니 예상보다 잘 적응해서 성적이 무척 좋았어요. 그래서 설리번 선생님은 헬렌이 3년이면 학교 과정을 마칠 수 있다고 생각했어요. 하지만 교장 선생님 의견은 달랐어요. 적어도 4년은 다녀야 한다고 했지요. 그래야 헬렌에게 무리가 가지 않는다고 생각했거든요.

헬렌의 교육 기간을 두고 교장 선생님과 설리번 선생님 의견이 맞지 않아서 갈등을 빚었어요. 서로 양보하려고 하질 않아 헬렌은 힘든 시기를 보냈어요. 어른들의 갈등이 생각보다 커졌기 때문이에요.

결국 헬렌은 학교를 그만두고 개인지도를 받으며 대학 입학을 준비하기로 했어요. 헬렌은 수학과 기하학을 이해하기가 무척 어려웠어요. 포기하고 싶을 때도 있었지만 꿈을 이루려면 극복해야 했지요.

헬렌은 원래 하버드 대학에 가고 싶었어요. 하지만 당시 하버드 대학에서는 여자를 받아들이지 않았어요. 방법이 없었지요. 그래서 선택한 곳이 하버드 대학 부설 여학교인 래드클리프 대학이었어요. 사람들은 그때까지만 해도 여자 최고의 명문대인 래드클리프 대학에 헬렌이 들어간다는 것은 불가능하다고 생각했어요. 도전은 도전일 뿐이라고 생각했지요. 하지만 헬렌은 고달픈 입시 준비 끝에 래드클리프 대학 입학시험에 보란 듯이 합격했어요.

드디어 1900년 가을, 스무 살의 헬렌은 래드클리프 대학에 입학했어요. 장애인으로 대학에 입학한 첫 번째 사람이 되었어요. 다시 한 번 언론은 앞다투어 헬렌이 이룬 기적 같은 소식을 전했지요. 헬렌은 '기적을 일으킨 소녀'로 더욱 유명해졌어요.

헬렌은 보지도 듣지도 말하지도 못하는 자신이 미국에서 손꼽는 명문대에 들어간 것이 자랑스러웠어요. 헬렌은 대학이 학문과 낭만을 즐기는 천국이라고 생각했고, 열정을 가득 담아서 대학 생활의 첫발을 내딛었어요. 하지만 대학은 사색이나 산책을 즐길 여유조차 주질 않았어요. 오직 공부, 공부만 있을 뿐이었어요.

강의 시간에 설리번 선생님이 빠르게 써 주는 강의 내용을 듣고, 집에 돌아와서는 기억을 되살려서 수업 내용을 정리해 점자 타자기로 기록해 두어야 했어요. 남들보다 세 배 네 배 더 노력해야 했지요. 그런데도 헬렌이 명문 래드클리프 대학에 들어간 일을 두고 여기저

래드클리프 대학

기서 숙덕거리는 소리가 들렸어요.

"래드클리프 대학에 들어간 사람은 보지도 듣지도 말도 못 하는 헬렌 켈러가 아니라 앤 설리번이다."

헬렌의 성적이 좋은 건 순전히 설리번 선생님이 시험 볼 때 옆에서 가르쳐 주기 때문이라고 수군거렸어요. 이런 소문은 고등학교 때부터 헬렌을 따라다녔고, 대학에서도 마찬가지였어요.

이런 소문이 돌자 래드클리프 대학도 난처했어요. 그래서 헬렌이 시험을 볼 때면 설리번 선생님은 옆에 있지 못하고 시험장 밖에 나가야 한다는 규칙을 만들었어요. 그 뒤로 헬렌은 시험 볼 때 다른 감독관 두 명의 도움을 받았고, 실력을 멋지게 증명해 보였지요.

　대학 생활이 생각한 것보다 힘겨웠지만 헬렌은 대학에 온 걸 참 잘했다고 생각했어요. 대학에 오지 않았다면 인생에서 결코 알지 못했을 것을 많이 배웠거든요. 그중 하나가 인내심이었어요. 또 '아는 것이 힘이다'라는 말을 절실히 실감했어요. 헬렌은 지식을 알아 가는 것이 행복했어요. 올바른 지식을 얻으면 참과 거짓뿐 아니라 고상한 것과 저속한 것을 가려낼 수 있다고 믿었지요.

작가, 또 다른 도전

헬렌은 책 읽는 것이 참 좋았어요. 처음 보스턴의 퍼킨스 시각장애학교를 방문했을 때, 점자 도서관을 이용하면서 책 읽기 매력에 푹 빠졌어요. 처음에는 모르는 낱말이 너무 많아서 올바로 이해하지 못했는데도 즐거웠지요.

헬렌이 내용을 이해하며 읽은 첫 책은 《소공자》였어요. 이때부터 책 읽기가 더욱 즐거웠지요. 그 뒤로 《플루타르크 영웅전》《아라비안나이트》《로빈슨 크루소》《작은 아씨들》《알프스의 소녀 하이디》《성서 이야기》《셰익스피어 이야기》 등 수많은 책을 읽었어요.

늘 책을 끼고 사는 것을 본 래드클리프 대학의 코플랜드 영문학 교수님이 한 가지 흥미로운 제안을 했어요. 글을 써 보라는 것이었어요. 교수님은 남들과 다른 세상에 사는 헬렌의 삶을 글로 써 보라고 했어요.

처음에 헬렌은 교수님의 제안을 듣고 머뭇거렸어요. 남들과 다른 자기만의 세상이 특별하다고 전혀 생각하지 못했거든요. 아니 오히려 불편함만 있다고 여겼어요. 그러니 그것을 글로 쓸 가치가 있다고는 감히 생각조차 못했지요. 하지만 교수님과 설리번 선생님이 여러 차례 격려를 해 주자 용기가 생겼어요. 또 새로운 것에 도전하고 싶은 마음도 강해졌지요.

헬렌이 이제껏 살아온 이야기를 글로 쓰기 시작한 지 얼마 안 되어 《레이디스 홈 저널》에서 5개월간 연재를 하자고 했어요. 이 제안을 듣자 헬렌은 망설였어요. 자신의 글이 그럴 가치가 있을지 자신이 없었어요. 하지만 설리번 선생님의 격려로 또 다시 도전해 보기로 했어요.

헬렌이 처음으로 글을 연재한
《레이디스 홈 저널》

대학 공부와 글 쓰기를 함께한다는 건 힘겨운 일이었어요. 당시 설리번 선생님은 시력이 많이 나빠져서 대학 공부를 도와주는 일만으로도 벅찼기에 글 쓰기 작업을 도울 수가 없었어요.

아는 사람 소개로 존 메이시라는 사람이 글 쓰기를 돕기로 했어요. 헬렌보다 세 살 많은 존 메이시는 신문사 편집자이자 비평가로, 하버드 대학에서 영어를 가르치는 천재였어요. 존은 수화를 배워서 헬렌이 글 쓰는 일을 크게 도왔고, 그 과정을 글로 남겼어요.

헬렌은 이제껏 살아온 이야기를 점자 타자기로 쳤는데, 100장이나 되었다. 기억에 있는 사건과 기록들을 자세하게 적었다. 하지만 이 자료는 순서도 체계도 뒤죽박죽이었다. 설리번과 나는 이 자료를 읽으며 연대순으로 정리했다. 그러면 헬렌이 다시 이 자료를 바탕으로 잡지에 연재할 글을 썼다. 나는 헬렌과 의논해서 글을 다듬었고 연재할 분량을 맞추었다. 또 문맥이 맞지 않는 문장들을 읽어 주어 헬렌이 고칠 수 있게 했다.

《레이디스 홈 저널》에 실린 헬렌의 글은 반응이 좋았어요. 그러자 존 메이시는 이 글을 모아서 책을 낼 계획을 세웠어요. 서너 군데 출판사와 접촉한 끝에 존 메이시는 더블데이 출판사와 계약을 맺었고, 1903년 헬렌의 나이 스물세 살에 《내가 살아온 이야기 The story of my life》라는 제목으로 출판되었어요.

이 책은 비평가들에게 좋은 평가를 받았고, 지금도 헬렌 켈러를 이해하는 중요한 자료로 쓰이고 있어요. 특히 작가 마크 트웨인은 이 책을 읽고는 감동하여 더욱더 열렬한 헬렌의 팬이 되었어요. 그는 헬렌을 가리켜 '경이로운 사람, 세상에서 가장 경이로운 사람'이라고 했어요. 이 책을 계기로 헬렌은 전 세계적으로 유명해지기 시작했어요.

1904년 6월 28일, 무척 뜻깊은 날이 찾아왔어요. 바로 헬렌의 대학 졸업식이었어요. 헬렌은 스물다섯 살이었지요. 설리번 선생님과 헬렌의 가까운 친구들 몇 명이 참석했어요.

설리번 선생님은 헬렌 옆에 앉았고, 존 메이시는 맨 앞줄에 앉았어요. 켈러 부인은 몸이 아파서 참석하지 못했고, 마크 트웨인도 갑자기 아내가 세상을 떠나는 바람에 졸업식에 오지 못했어요.

헬렌이 래드클리프 대학을 졸업한다는 소식은 신문 1면을 장식했어요. 신문 기사에는 헬렌에 대한 칭찬이 끊이지 않았고, 대학을 졸업한 헬렌의 장래는 어려움 없이 평탄할 거라고 했어요.

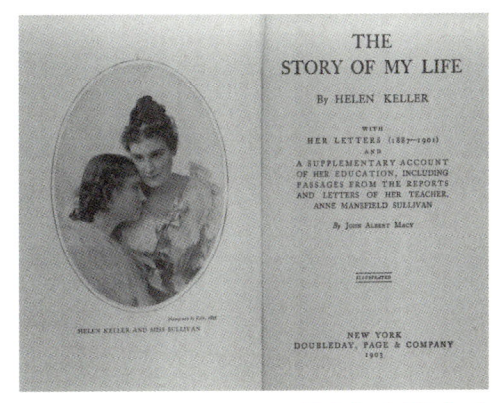

《내가 사는 이야기》 속표지

헬렌 또한 자신이 래드클리프 대학을 우수한 성적으로 졸업하는 것이 자랑스러웠어요. 그림자같이 늘 옆을 지키던 설리번 선생님도 헬렌이 대견했어요. 17년 전에 짐승과도 같은 아이를 만났을 때 이처럼 멋지고 훌륭하게 성장할 줄은 상상하지 못했지요.

이제 대학을 졸업하고 사회로 나가야 하는 헬렌은 설렘으로 가득 찼어요. 물론 두려움도 있었지만 낙천적인 성격 덕분에 앞날에 대한 걱정은 별로 없었어요. 훗날 〈낙관주의〉라는 글에서 썼듯이, 헬렌은 의심과 불신은 굳은 의지로 이겨 낼 수 있다고 믿었어요.

대학을 졸업할 때가 되니 앞으로 사회에 나가 무슨 일을 하게 될지 가슴이 두근거리고 기대가 된다. 세상에 널린 일 중에서 내가 할 수 있는 일은 한계가 있을지도 모른다. 하지만 그것이 일이라는 사실이 중요하다. 일을 하려는 의욕과 의지가 바로 낙관주의다.

캄캄한 어둠 속에서 살던 헬렌이 세상에 나와 유명인으로 살 수 있던 것은 주변 사람들의 도움 덕분이었어요. 물론 헬렌은 끊임없는 노력과 낙천적인 성격으로 삶을 개척해 나갔지만 다른 사람의 도움 없이는 불가능했지요.

　헬렌은 사람을 얻었기에 원하는 삶을 살 수 있었어요. 헬렌 주변에는 설리번 선생님, 알렉산더 그레이엄 벨 박사, 마크 트웨인, 브룩스 주교, 올리버 홈스 박사, 에드워드 헤일 박사, 로렌스 허튼 부부, 윌리엄 소 여사 외에도 많은 사람이 있었어요. 그리고 빼놓을 수 없는 사람, 존 메이시가 있었어요. 헬렌은《내가 살아온 이야기》에서 이들에게 하나하나 고마움을 표하면서 이렇게 덧붙였어요.

이들이 지금의 나를 만든 것이다. 이들은 다양한 방식으로 내 부족한 점을 아름다운 특혜로 바꿔 주었고, 내 장애로 말미암아 생긴 그늘에서 평온하고 행복하게 걸을 수 있도록 해 주었다.

대학을 졸업한 헬렌은 매사추세츠 랜덤에 집을 사서 이사했어요. 8만 5천 제곱미터 정도 되는 큰 집으로 헬렌은 정원에서 산책하는 것을 무척 즐겼지요. 존은 헬렌이 다치지 않도록 400미터 정도 밧줄을 쳐 놓았어요.

존 메이시

또 헬렌과 함께 산책도 하고, 2인승 자전거에 태워 주기도 했어요. 헬렌은 자전거에서 느껴지는 속도감을 즐겼답니다.

언젠가부터 존은 설리번 선생님을 사랑하고 있었어요. 존은 이런 마음을 선생님께 고백했고, 두 사람은 연인이 되었어요. 그리고 얼마 뒤 존은 선생님께 청혼했어요.

처음에 선생님은 열한 살이나 어린 존의 청혼을 선뜻 받아들이지 못했어요. 결혼 생활을 잘할 자신이 없었거든요. 하지만 존을 많이 사랑한 선생님은 존을 놓치고 싶지 않았어요.

1905년 5월, 스물일곱 살 존과 서른여덟 살 설리번 선생님은 집 정원에서 조촐하게 결혼식을 올렸어요. 켈러 부인을 비롯해 스무 명 남짓의 사람들이 모여 두 사람의 결혼을 축복했어요.

두 사람은 신혼여행을 갈 때도 헬렌을 데리고 갔어요. 혼자 남은 헬렌이 외로워할까 염려해서였지요. 헬렌은 존처럼 멋진 남자의 사랑을 받는 선생님이 부러웠고, 두 사람과 함께한 이 여행이 몹시 즐거워 평생토록 잊지 않았어요.

결혼한 설리번 선생님은 이제껏 경험하지 못한 행복을 맛보았어요. 존은 설리번 선생님과 헬렌의 관계를 잘 이해해 주었고, 세 사람은 랜덤 집에서 함께 살았어요. 그는 설리번 선생님만큼 헬렌을 잘 가르칠 사람은 이 세상에 없다며 선생님을 존중해 주었지요.

존 메이시는 헬렌의 글이 바깥세상으로 나올 수 있도록 해 준 사람이에요. 그 덕분에 사람들은 글을 통해 헬렌과 만날 수 있었지요.

존은 헬렌이 글에 감정을 지나치게 많이 섞는 것을 잡아 주었고, 현실감 없는 이야기도 지적해 주었어요. 헬렌이 이렇게 실력 있는 존을 만난 건 크나큰 행운이었지요.

1908년 스물여덟 살의 헬렌은 존의 도움을 받아서 두 번째 책인 《내가 사는 세상 The World I live in》을 출간했어요. 헬렌은 이번 작업이 무척 즐거웠어요. 첫 책인 《내가 살아온 이야기》를 쓸 때는 압박감에 시달렸는데, 이번에는 그런 압박감은 없었어요. 첫 책보다 글도 더 좋아졌고 자신만의 세상을 좀 더 정확하고 섬세하게 묘사할 수 있었어요. 모두 존 덕분이었지요.

그리고 2년 뒤에 《돌담의 노래 The Song of the Stone Wall》라는 산문집을 출간했어요. 헬렌은 이 작품에서 돌의 감촉과 모양, 크기 등을 상상해 느낀 것을 글로 섬세하게 그려 냈어요.

존 메이시는 헬렌이 글쓰기에 천재성을 타고났다고 생각지는 않았어요. 헬렌이 글을 잘 쓰는 것은 인정하지만 그것은 재주가 뛰어나서가 아니라 순전히 노력 때문이라고 여겼지요. 이런 생각은 존이 헬렌에 대해서 쓴 글에서도 알 수 있어요.

　헬렌은 자신이 쓴 글을 깊이 생각해서 꼼꼼히 검토하고, 편집자들의 비판과 설리번 선생님의 충고에 진심으로 귀 기울인다. 헬렌이 훌륭한 글을 쓴 비법은 바로 노력이다.

3. 차별 없는 세상을 꿈꾸며

강연 무대에 서서

헬렌의 감각은 그 누구보다도 뛰어났어요. 사람들과 악수를 하는 헬렌의 손은 많은 것을 느꼈어요. 어떤 손에서는 거만함이, 어떤 손에서는 차가움이, 어떤 손에서는 따스함이 전해졌지요.

헬렌은 처음 만난 사람의 직업도 잘 알아맞혔어요. 그 사람의 몸에서 나는 냄새로 알 수 있었지요. 보통 사람들이 잘 느끼지 못하는 아주 섬세한 냄새까지도 다 맡을 수 있었거든요. 헬렌은 사람을 만날 때 작은 것 하나도 놓치지 않았어요. 다음은 《내가 사는 세상》에 쓴 내용이에요.

나는 대장장이와 목수, 벽돌공과 약사, 예술가를 구별할 수 있다. 사람이 스쳐 지나가면 그 사람이 부엌에서 왔는지, 정원에서 왔는지, 병원에서 왔는지 알 수 있다. 사람한테 나는 냄새는 제각각 달라서 냄새로 그 사람을 알 수 있다. 몇 년씩 못 봤던 친구를 낯선 곳에서 만나도 나는 금방 그 친구를 알아볼 수 있다.

헬렌은 점점 생각이 깊어졌고 경제적으로도 자립해야겠다는 생각이 들었어요. 지금까지는 글을 써서 번 돈과 후원금으로 생활해 왔지만, 안정적인 돈벌이가 필요했어요. 보지도 듣지도 말하지도 못하는 자신이 어떤 방식으로 돈을 벌어야 할지 헬렌의 고민은 깊어졌어요.

헬렌의 말하기 도전은 끊임없이 이어졌어요. 유난히 말하기에는 재능이 없었기에 벌써 포기했을 법도 한데 헬렌은 포기하지 않았어요. 음악학교 성악 선생님 찰스 화이트의 가르침을 받으며 쉬지 않고 목소리 내는 연습을 했어요.

설리번 선생님은 부인과 수술을 받아서 몸이 좋지 않았는데도 늘 곁에서 함께하며 사람들이 알아들을 수 있는 목소리를 내도록 헬렌을 힘껏 도왔어요. 두 사람은 종일 목소리를 내는 데 매달린 적도 많았답니다.

오뚝이 같은 노력 끝에 사람들이 어느 정도 헬렌의 목소리를 알아들을 수 있게 되었어요. 헬렌이 결국 해낸 거예요. 이런 결과에 헬렌도 나름 만족했어요. 이제 헬렌이 말까지 할 수 있다는 소문이 퍼져 나갔고, 여기저기서 강연 요청이 들어왔어요.

하지만 헬렌은 주저했어요. 왼쪽 눈 때문이에요. 헬렌의 왼쪽 눈은 앞으로 툭 튀어나와서 누가 봐도 한눈에 장애인이라는 걸 알 수 있었거든요. 헬렌은 이런 모습을 사람들에게 보이고 싶지 않았어요. 그래서 사진을 찍을 때도 항상 오른쪽 옆모습만 나오게 찍었어요.

헬렌은 외모에 무척 신경 썼어요. 머리 모양도 말끔하게 정돈하고 좋은 옷으로 잘 입었지요. 헬렌은 장애인들이 다른 사람 눈에 말끔하고 말쑥하게 보이기를 바랐어요.

　이런 마음을 이해한 설리번 선생님과 켈러 부인은 헬렌과 신중하게 상의한 끝에 헬렌의 눈을 수술하기로 했어요. 볼 수 없는 두 눈을 없애고 파란 유리 눈을 끼우기로 한 거예요. 수술은 성공적으로 끝났고, 파란 눈의 헬렌은 이제 더욱 아름다워졌어요.

　만족한 헬렌은 이제 누구와 만나든 똑바로 마주 볼 수 있었고, 사진 찍을 때도 더는 고개를 돌릴 필요가 없었어요. 처음 만나는 사람들은 헬렌이 아름다운 파란 눈을 가졌다고 감탄했어요.

　1913년 헬렌은 뉴저지 몽클레어에서 첫 목소리 강연을 하기로 했어요. 서른세 살의 헬렌은 무척 설레고 흥분되었어요. 강연 제목을 〈마음과 손, 그리고 감각을 잘 사용하는 방법〉으로 정하고 날마다 연습했어요.

　드디어 강연 날, 헬렌은 부들부들 떨었어요. 자신의 목소리를 수많은 사람에게 들려준다고 생각하니 손과 다리가 저절로 떨렸지요. 먼저 설리번 선생님이 무대에 올라서 헬렌을 교육한 방식을 주제로 20분 정도 얘기했어요. 그 다음 헬렌이 강연을 시작했어요.

　마음이 얼어붙고 심장이 멎는 것 같았다. 내 목소리가 사방으로 울려 퍼졌다. 목소리가 너무 크다는 생각에 자꾸 목소리를 낮추었다. 내 목소리는 헐겁게 쌓아 올린 벽돌처럼 덜그렁거렸다.

헬렌의 목소리는 떨렸고, 강약을 조절하기도 어려웠어요. 헬렌은 첫 강연이 마음에 들지 않았어요. 긴장한 탓에 전달하고자 하는 것을 제대로 말하지 못했기 때문이에요. 하지만 강연을 들으러 온 사람들은 깊이 감동했고, 그 노력에 큰 박수를 보냈어요.

헬렌은 이런 지지에 힘입어 미국과 캐나다를 돌며 강연에 나섰어요. 대학을 졸업한 뒤로 책을 쓰는 것 외에는 마땅한 돈벌이가 없

었던 헬렌에게 강연은 큰 수익을 가져다 주었어요. 이번에도 설리번 선생님은 헬렌과 함께했어요. 그리고 켈러 부인도 참여했어요.

그런데 설리번 선생님이 헬렌의 곁을 한시도 떠나지 않고 돌보면서 남편인 존은 불만이 생겼어요. 모든 것을 이해했던 존이었지만, 시간이 가면서 조금씩 갈등이 생기기 시작했어요. 강연으로 선생님이 오랫동안 집을 비우자 갈등은 더욱 심해졌어요. 그럴 때마다 존은 훌쩍 여행을 떠나곤 했지요.

헬렌은 점점 강연자로서 명성을 떨쳤고, 전 세계에서 초청을 받았어요. 강연 주제는 장애를 극복한 이야기, 장애인 인권, 장애인 사회복지, 노동자 이야기, 전쟁 반대 등 다양했어요.

강연은 헬렌의 삶에서 무척 중요한 비중을 차지했어요. 무엇보다도 돈을 벌 수 있는 가장 큰 수단이었고, 자신의 의견을 청중과 직접적으로 나눌 기회였지요. 헬렌은 앞으로 남은 삶의 많은 부분을 강연과 함께했어요.

사회개혁가 헬렌이 꿈꾸는 세상은

 하버드 대학 출신의 가난한 천재인 존 메이시는 사회주의자였어요. 1900년대 초 미국 사회는 그 어느 때보다 사회주의가 힘을 발휘하고 있었어요. 공무원 중에 1천만 명이 넘는 사람이 사회주의자였을 정도니까요. 미국뿐 아니라 전 세계적으로 사회주의가 퍼져 나갔지요.

 사회주의는 재산을 공동으로 하고 거기서 나오는 이익을 평등하게 나누자는 제도예요. 개인이 재산을 모으기 위해서 일하는 자본주의와는 다른 제도지요. 사회주의자들은 소수만 잘 먹고 잘 살고 나머지는 온종일 노동을 해도 먹고 살기 어려운 사회를 개혁하자고 주장했어요.

 존은 사회를 개혁하는 일에 누구보다도 목소리를 높였어요. 존의 이런 성향이 고스란히 헬렌에게 전해졌어요. 대학 시절부터 헬렌은 사회 문제에 관심이 많았어요. 그래서 관련된 책을 많이 읽었고, 존에게 사회 문제에 대해 많은 걸 물어보았지요.

 책을 읽으며 헬렌은 세상이 불공평하다는 것을 깨우쳤어요. 이런 깨달음은 헬렌을 바꾸어 놓았어요. 헬렌은 생각하면 바로 행동으로 옮기는 사람이었어요. 1909년, 스물아홉 살 헬렌은 매사추세츠 사회당에 가입하며 사회주의자로서 본격적인 활동을 시작했어요.

그 당시 노동자와 여성들, 장애인들은 매우 안 좋은 환경에서 일하고 있었어요. 헬렌은 노동자들이 더럽고 불편한 곳에서 감시를 받으며 오랜 시간 일하고도, 겨우 먹고살 정도의 돈만 번다는 사실을 알고는 충격을 받았어요. 특히 여성과 어린이 노동자들의 상황은 더욱 나빴어요. 마음이 아팠던 헬렌의 발걸음은 자연스럽게 일터와 빈민가로 옮겨졌지요. 헬렌은 그때의 느낌을 〈시각장애인에 대한 새로운 시각 New Vision for the Blind〉이라는 글에 적었어요.

나는 열악한 공장에 가 봤고, 뉴욕과 워싱턴의 빈민가를 방문했다. 그 비참한 광경을 볼 수 없을지라도 가난의 냄새는 맡을 수 있었다. 내 두 손은 어린 동생들을 돌보는 야윈 아이들을 느낄 수 있었다. 이 아이들의 부모는 근처 공장에 가서 자신의 아이들 대신 기계들을 돌본다.

존은 헬렌이 세상을 보는 또 다른 눈과 귀가 되어 주었고, 헬렌은 점점 사회 개혁, 혁명, 자본가, 인류애, 평화, 평등, 여성 교육, 장애인 교육 등 사회와 관련된 주제에 관심을 가졌어요. 1913년, 헬렌은 사회 문제를 다룬 책《어둠에서 벗어나 Out of the Dark》를 출간했어요.

이 책의 두 번째 글 〈어떻게 나는 사회주의자가 되었나 How I

Became a Socialist〉에서 헬렌은 설리번 선생님이 추천해 준 허버트 조지 웰스의 《신세계 *New Worlds for Old*》를 읽고 처음으로 사회주의에 눈을 떴다고 밝혔어요.

〈어떻게 나는 사회주의자가 되었나〉에 따르면 헬렌에게 처음 사회주의를 알려 준 사람은 바로 설리번 선생님이었어요. 그리고 존은 사회주의를 명확하게 일깨워 준 사람이지요. 하지만 설리번 선생님은 사회주의자는 아니었어요. 선생님은 헬렌이 점점 더 사회주의에 빠지는 것과 그것으로 헬렌의 이미지가 나빠질 것을 걱정했어요. 하지만 헬렌은 점점 열성적인 혁명가가 되어 갔어요. 《어둠에서 벗어나》에서는 다음과 같이 밝혔어요.

몇 달 동안 내 이름과 사회주의가 신문에 오르내렸다. 친구가 말해 주었는데, 내가 야구 경기 결과, 루스벨트 대통령의 활동 소식, 뉴욕 경찰 사건들과 함께 신문 1면을 장식했단다. 이런 조합이 썩 기분 좋은 건 아니지만 사람들이 내게 관심을 보이는 건 즐거운 일이다. 악평도 때로는 도움이 될 때가 있다. 신문에 내 활동이 실리면서 사회주의가 자주 언급되는 건 긍정적인 일이다.

헬렌은 미국에서뿐 아니라 세계적으로도 유명했어요. 그런 헬렌이 스스로 사회주의자라고 밝히자 세상 사람들은 충격을 받았어요. 신문들은 일제히 순진한 헬렌이 세상에 대해 잘 몰라 사회주의자들에게 이용당하고 있다고 공격했어요.

사람들은 헬렌이 '천사의 이미지'로, 그저 '장애를 극복하고 기적을 이룬 소녀'로 남아 주기를 원했어요. 그들은 헬렌에게서 사회를 개혁하는 혁명가의 모습을 원하진 않았지요. 당시 여성들은 정치에 참여조차 할 수 없었는데, 여성에 큰 장애까지 있는 헬렌이 정치적인 목소리를 내며 사회주의 활동을 하고 나서자 많은 사람이 당황하며 불편해했어요. 하지만 헬렌은 아랑곳하지 않았지요.

1900년대 초, 당시 미국과 영국 등 대부분의 선진국 여성들은 사회에서 제대로 목소리를 내지 못했어요. 여성에게 참정권(정치 활동에 참여할 수 있는 권리)이 없다는 것만 봐도 알 수 있었지요. 인구의 절반인 여성이 정치에 어떠한 참여도 못한다는 사실에 헬렌은 분노했어요. 헬렌은 급진적 참정권자 팽크 허스트와 에밀리 데이비슨을 지지하면서 참정권 시위에 참여했어요. 시위에 참여한 헬렌은《뉴욕 타임스》와 인터뷰했어요.

나는 전투적 참정권자입니다. 나는 여성이 참정권을 얻는 것이 사회주의로 가는 길이라고 믿습니다. 사회주의만이 우리의 이상을 실현할 수 있습니다.

1914년 6월 28일, 열아홉 살 세르비아 청년이 오스트리아 황태자 부부를 총으로 쏘아 죽인 사건이 일어났어요. 오스트리아는 세르비아에 전쟁을 선포했지요. 처음엔 세르비아와 오스트리아의 싸움이었지만, 점차 식민지를 놓고 다투는 국가 간의 전쟁으로 번졌어요. 바로 인류의 비극적인 역사 제1차 세계대전이 시작된 것이에요.

당시 유럽 나라들은 약한 나라를 침략해 식민지로 만드는 일에 치열하게 경쟁 중이었어요. 전쟁이 일어나자 먼저 식민지 개척에 뛰어든 프랑스와 러시아, 영국은 세르비아 편에 서서 연합국을 이루었

고, 뒤늦게 식민지 개척에 뛰어든 독일이 오스트리아 편에 섰어요.

각 나라는 '위대한 조국을 위하여'라는 구호 아래 국민을 전쟁터로 내몰아 수많은 목숨을 희생시켰어요. 미국은 처음엔 중립을 선언했지만, 결국 연합국 편에 서서 전쟁에 참여했지요.

헬렌은 전쟁을 완강히 반대했어요. 약한 나라를 침략하는 식민 정책을 강하게 비난하고 나섰지요. 쓸모없는 전쟁을 위해서 노동자들이 목숨을 내걸고 싸우는 것은 무의미하다고 주장했어요. 전쟁에 반대하는 여성평화연맹이 생겼고, 헬렌은 이 단체에 가입해 전쟁 반대 활동을 펼쳐 나갔어요.

1916년 1월 5일, 여성평화연맹 주최로 뉴욕 카네기 홀에서 열린 포럼에서 서른여섯 살의 헬렌은 감동적인 연설을 했어요. 이 연설에서 헬렌은 사회주의자로서의 참모습을 보였어요. 다음은 연설의 일부예요.

노동자들이 원하는 건 전쟁 대비가 아니라 자신들 삶 전체를 재조직하고 다시 세우는 것입니다. 아직 어떤 정치인이나 정부도 시도하지 않은 일입니다. ……어떤 아이도 공장이나 광산, 가게에서 일하지 않게 해 주는 것, 어떤 노동자도 위험한 사고와 질병에 노출되지 않게 하는 것, 이 모두가 여러분의 몫입니다. 노동자를 위해 매연과 오염을 줄이는 깨끗한 도시를 만들고, 저들이 여러분에게 살 만한 임금을 주도록 하는 것도 여러분의 몫입니다.

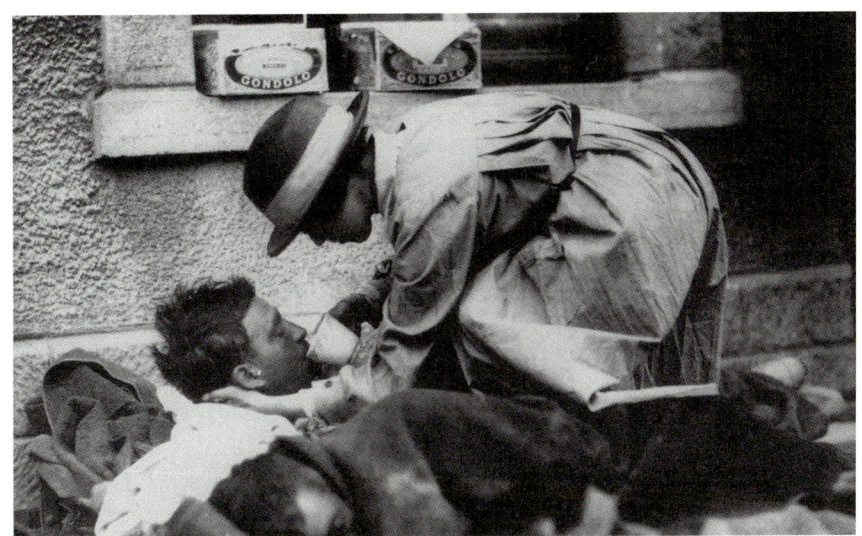

헬렌은 전쟁에 반대하고, 상처받은 사람들을 위해 애쓰며 보다 나은 사회를 만들기 위해 노력했어요.

한 시간에 걸친 헬렌의 연설은 막바지에 이르렀고, 이 연설의 마지막 내용은 오늘날까지도 감동적인 이야기로 기억되고 있어요.

평화를 말살하고 미친 전쟁으로 몰고 가는 포고령과 법 제도에 반대하는 파업을 하세요. 전쟁에 반대하는 파업을 하세요. 여러분 없이 저들은 어떤 전투도 할 수 없습니다. 살상 무기를 대량생산하는 것에 반대하는 파업을 하세요. 수많은 인류의 목숨을 빼앗아 가고 삶을 비참하게 하는 준비에 반대하는 파업을 하세요. 파괴적인 군대에서 복무하는 굴욕적인 노예나 벙어리가 되지 말고, 건설적인 곳에서 영웅이 되길 바랍니다.

장애인과 함께하는 삶

1904년 10월 19일, 대학을 졸업하고 얼마 뒤 헬렌은 세인트루이스 박람회에 초대를 받았어요. 박람회 측은 장애를 딛고 성공한 헬렌을 위해 이날을 특별히 '헬렌 켈러의 날'로 정했어요. 박람회에서 이런 영예를 얻은 사람은 헬렌밖에 없었어요.

박람회에는 장애인들을 교육하는 사람들이 많이 참여했어요. 헬렌의 연설도 예정되어 있었어요. 헬렌은 사라 풀러 선생님한테서 배운 말하기 방법에 최대한 집중해서 연설했어요. 그날 헬렌은 꽤 똑바른 발음으로 목소리를 내었지요.

원래 헬렌이 연설할 때에는 설리번 선생님이 옆에 있다가 헬렌의 발음이 정확하지 않아서 청중이 이해하기 어려울 때 헬렌의 말을 전달해 주는 역할을 했지요. 그런데 이번 연설은 달랐어요. 헬렌은 아무런 도움도 받지 않고 자신의 의견을 청중에게 전달할 수 있었어요. 헬렌은 이 연설이 청각장애인을 가르치는 선생님들에게 큰 도움이 되기를 바랐어요.

박람회에서 헬렌의 인기는 대단했어요. 헬렌을 보기 위해, 연설을 듣기 위해 사람들이 구름처럼 몰려들었어요. 박람회에 참석한 각 나라 왕족들이나 유명 인사들도 헬렌이 받는 관심의 반도 받지 못했어요.

 장애인 중에는 헬렌을 곱지 않은 눈으로 바라보는 이들도 있었어요. 사람들은 평범한 장애인들에게 헬렌과 같은 특별한 능력을 요구하기도 했지요. 능력이 부족한 장애인들은 헬렌과 비교당하는 것이 괴로울 지경이었으니까요. 또 비록 헬렌만큼은 아니지만 꽤 성공적인 성과를 내어도 별반 주목을 받지 못했어요. 그러니 어찌 보면 장애인들에게 헬렌 켈러는 불편한 존재였지요.

 자신을 미워하는 장애인들이 있다는 사실이 헬렌의 마음을 괴롭혔어요. 진정으로 그들에게 도움이 되고자 했던 것인데, 자신의 존재가 그들을 주눅 들게 할 줄은 몰랐던 거예요. 하지만 특유의 긍정적인 성격으로 헬렌은 이 마음을 극복했고, 그들에게 섭섭해하지 않았어요. 그럴수록 헬렌은 그들을 위해서 할 수 있는 일을 찾았어요. 이런 헬렌을 사람들은 성녀(聖女, 성스러운 여자)라고 부르며 우러러봤어요.

 헬렌이 가는 곳마다 사람들이 구름처럼 몰려들었어요. 당대 대통령들을 비롯한 유명인까지 모두 헬렌에게 얼굴과 몸을 내어 주며 그 손길이 닿는 것을 영광스럽게 여겼지요.

 이렇게 헬렌을 숭배하던 사람들이 헬렌이 사회주의자임을 밝히자 하루아침에 태도를 싹 바꾸었어요. 특히 언론은 헬렌이 가진 장애를 공격하며 장애인을 차별하는 기사를 내보냈어요. 그들은 헬렌이 장애인이라서 분별력 없이 정치적 의견을 내고 있다고 비아냥거렸어요. 헬렌은 상처받았어요. 마음이 무척 아팠지요. 그렇다고 무너지진 않았어요. 오히려 더욱 단단해졌지요. 자신이 무엇을 하는지 잘 알고 있었으니까요.

헬렌은 자신을 '성녀'와 '기적을 일으킨 소녀'라는 이미지 속에 가두려는 편견과 맞붙어 끊임없이 싸웠어요. 사람들은 헬렌의 정치적 목소리는 들으려 하지 않고, 그저 보통 사람과는 다른 사람으로 보려고 했어요.

헬렌은 사람들이 갖는 편견이 생각보다 무섭다는 걸 알게 되었어요. 편견은 세상 어디에나 존재했어요. 여성에 대한 편견, 가난한 이들에 대한 편견, 아이들에 대한 편견, 장애인에 대한 편견. 특히 편견 속 장애인들의 삶은 비참하기 이를 데 없었어요.

헬렌은 자신이 운이 좋은 장애인이라고 생각했어요. 다른 장애인들에 비하면 부유한 집에서 태어났고 좋은 부모님의 관심 덕분에 훌륭한 선생님을 만날 수 있었으니까요. 이런 환경에서 자란 장애인들은 거의 없었어요. 대부분 가난했기에 더러운 환경에서 영양 결핍과 질병에 시달렸고, 교육받을 기회가 없었지요. 또 직업 훈련조차 받지 못해 돈을 벌 기회도 얻지 못했어요.

장애인들 중에는 제때에 병을 치료받지 못해서 장애가 생긴 사람도 많았어요. 아기를 가진 엄마가 제대로 먹지 못해서 병든 아기를 낳았고, 장애인이 되는 경우도 많았지요. 헬렌은 결국 가난이 장애인을 만들어 낸다고 생각했어요. 가난한 사람들의 생활이 나아지면 장

애인의 수는 훨씬 줄어들 거라고 믿었어요.

　헬렌은 시각장애인을 위한 복지에 관심이 많았고, 그들에게 수화를 가르치고 점자책을 읽을 기회를 주고자 노력했어요. 또 헬렌은 《레이디스 홈 저널》과 《캔자스시티 스타》에 실명이 될 수 있는 '눈병'을 다룬 글을 실어, 경각심을 일깨웠고 예방법을 알렸어요.

　만약 헬렌이 단순히 장애를 극복하고 부유한 집안 덕분에 잘 먹고 잘 살았다면 결코 세계의 헬렌 켈러가 되지 못했을 거예요. 헬렌은 가난하고 소외된 사람들 편에서 싸운, 의지의 장애인이었어요.

4. 현실의 굴레 속에서

파경

설리번 선생님은 몸이 많이 허약해졌어요. 남편인 존 메이시와 관계도 좋지 않아 툭하면 다투었지요. 설리번 선생님은 아기를 낳고 싶었지만, 나이가 많은 데다 부인과 수술까지 받아서 낳을 수 없었어요. 그래서 선생님은 더욱 슬펐어요.

헬렌과 설리번 선생님이 나라를 돌며 강연을 하는 동안 존의 마음은 더 멀어져만 갔어요. 헬렌은 두 사람의 관계가 안타까워 수시로 존에게 편지를 써서 선생님과 자신의 마음을 전했어요.

선생님이 지금 괴로운 건 존의 사랑이 식어서가 아니에요. 선생님이 견딜 수 없는 건 선생님을 불신하고 의심하는 존의 눈빛이에요. 선생님은 여전히 존을 사랑하고 있어요. 오히려 내가 놀랄 지경이라니까요. 선생님은 나는 물론이고 누구에게도 존에 대해 안 좋게 말한 적이 없다고요.

나는 두 분 모두 사랑해요. 그 마음은 영원히 변치 않을 거예요. 존을 사랑하는 내 마음에 믿음을 주세요. 예전처럼 다정하고 너그러운 오빠가 되어 주세요. 우리가 지내 온 지난 12년처럼요.

사랑하는 여동생, 헬렌

헬렌이 아무리 노력해도 설리번 선생님과 존의 관계는 나아지지 않았어요. 존은 늘 헬렌이 우선인 설리번 선생님이 못마땅했어요. 선생님이 헬렌에게 집착한다고 여겼지요. 하지만 설리번 선생님은 헬렌과 존 둘 다 사랑했기에 어느 한쪽도 포기할 수 없었어요.

결국 존은 설리번 선생님을 떠났고, 이혼하자고 했어요. 하지만 선생님은 그럴 수 없었어요. 여전히 존을 진심으로 사랑했으니까요. 선생님은 평생을 존의 아내로 살 생각이었어요. 이런 고통이 선생님의 마음은 물론이고 몸까지 병들게 했어요.

미국 전역에는 전쟁의 기운이 감돌고 있었어요. 헬렌은 전쟁 반대를 주제로 순회강연에 나섰고, 헬렌을 도와줄 사람이 꼭 필요했어요. 이제껏 설리번 선생님이 이 역할을 해 주었는데, 건강 탓에 선생님은 쉬어야 했어요. 개인 비서인 폴리 톰슨이라는 젊은 여성과 피터 페이건이라는 청년이 번갈아 가며 헬렌의 강연을 도왔어요. 피터 페이건은 존의 비서였는데, 존의 소개로 헬렌과 일하게 되었어요.

1916년, 헬렌과 설리번 선생님은 강연 차 위스콘신 주를 방문했어요. 위스콘신 주의 몇몇 도시를 돌며 강연할 예정이었지요. 이번 강연 주제 역시 전쟁 반대였고, 비서로는 피터 페이건이 동행했어요. 피터는 당시 스물아홉 살로, 헬렌보다 일곱 살 어렸어요. 그 역시 급진적인 사회주의자였고 전쟁에 반대했어요.

피터는 강연 무대에 올라가서 설리번 선생님이 했던 것처럼 헬렌이 이뤄 낸 기적에 대해 20분간 들려주었어요. 그리고 헬렌이 강연하는 내내 옆에서 도움을 주었지요.

　하지만 이번 순회강연은 청중의 마음을 움직이질 못하고 실패로 돌아갔어요. 사람들은 여성 장애인 사회주의자가 하는 전쟁 반대 연설에는 관심이 없었어요. 그들은 헬렌을 '성녀'나 '기적을 일으킨 소녀'로만 보려고 했지, 사회개혁가로서의 헬렌을 받아들이려고 하지 않았어요. 헬렌은 실망이 컸어요. 어떻게 해야 이런 주제의 강연을 성공으로 이끌지 고심이 깊어졌지요.

순회강연을 마치고 랜덤 집으로 돌아온 헬렌 일행은 당분간 쉬기로 했어요. 존이 없는 집은 쓸쓸하기 그지없었어요. 존이 집에 없다는 것은 선생님에게도 고통이었지만 헬렌에게도 고독한 일이었어요. 존은 바깥세상과의 통로가 되어 주었으니까요.

존이 쳐 놓은 밧줄을 따라 산책을 하다 보면 존의 생각이 저절로 났어요. 늘 함께하던 사람이 없어졌다는 것은 참으로 외롭고 쓸쓸한 일이었어요. 이런 심정을 알았던지 랜덤의 집으로 어머니가 왔어요. 어머니는 위안이 되었지요.

이즈음 피터가 헬렌의 외로움을 많이 달래 주었어요. 피터는 설리번 선생님의 역할뿐 아니라 존의 역할도 대신해 주었어요. 바깥세상을 보는 통로가 되어 준 셈이지요. 헬렌은 어릴 때부터 여자보다는 남자에게 호기심이 더 발동하곤 했어요. 피터 역시 예외는 아니었지요.

헬렌은 처음부터 피터에게 관심이 많았어요. 거기다 피터는 헬렌과 일하는 과정에서 수화와 점자를 익혔기에 헬렌과 잘 소통할 수 있었어요. 피터가 손바닥에 써 주는 손가락의 감촉은 또 다른 느낌이었지요. 그가 옆에 있는 것이 왠지 든든했어요.

그즈음 설리번 선생님은 건강이 더 나빠졌어요. 기침이 심해져서 침대에 누워 몸을 거의 움직이지 못했고, 시력은 점점 나빠져서 좋아하는 책도 읽기 어려울 정도였지요. 남편 존이 없다는 상실감은 선생님을 침대에서 일어나지 못하게 했어요. 게다가 살이 많이 쪄서 건강을 위협했어요.

    의사는 선생님께 따뜻한 곳으로 요양을 가라고 권했어요. 선생님도 랜덤 집에 있으니 자꾸 존 생각에 괴로웠기에 집을 떠나기로 했어요. 아픈 선생님이 혼자 갈 수 없어서 비서인 폴리 톰슨이 함께하기로 했지요.

    설리번 선생님이 얼마간 집을 비운다고 생각하니 헬렌은 또다시 쓸쓸하고 외로워졌어요. 선생님과 만난 지 30년이 되었는데, 그동안 이렇게 오랜 시간 떨어진 적은 없었거든요.

    피터는 그런 헬렌의 마음을 헤아려서 함께 산책도 하고, 책도 읽어 주었어요. 진심으로 걱정하며 따뜻한 손으로 헬렌의 손을 잡아 주었지요. 피터는 헬렌에게 큰 위안이 되었어요.

단 하나의 사랑

래드클리프 대학에 다닐 때 헬렌은 벨 박사님과 결혼 얘기를 나눈 적이 있어요. 벨 박사님은 헬렌이 사랑하는 남자를 만나서 결혼하기를 바랐답니다. 하지만 헬렌은 결혼해서 아기를 낳는 평범한 생활이 불가능하다고 생각하며 이렇게 말했어요.

가끔 사랑을 꿈꿀 때가 있어요. 하지만 사랑은 제가 건드릴 수 없는 아름다운 꽃이라는 생각이 들어요. 저랑 결혼하고 싶은 남자가 있을까요? 마치 딱딱한 조각상과 결혼하는 느낌일 텐데요.

언젠가부터, 아니 어쩌면 처음부터 헬렌은 피터에게 끌렸는지 몰라요. 스물아홉 살의 사회주의자 청년은 헬렌의 마음을 끌 만했지요. 두 사람은 마음과 뜻이 잘 맞았고, 헬렌은 피터와 함께 있는 시간이 즐거웠어요. 피터 또한 헬렌의 매력에 푹 빠졌어요. 사려 깊고 지적인 데다 자신과는 다르게 밝고 당당한 헬렌이 좋았어요. 두 사람은 빠르게 연인 사이로 발전했어요.

사랑받고 있다는 느낌은 참으로 행복했어요. 저절로 한 남자의 아내가 되고 싶다는 생각이 들었어요. 피터는 헬렌에게 청혼했고, 헬

렌은 이를 받아들였어요. 두 사람은 한동안 남몰래 사랑을 나누며 미래를 꿈꾸었어요. 그리고 몰래 약혼식을 올렸어요.

　헬렌은 이런 충만한 마음을 어머니와 선생님께 털어놓고 싶었어요. 함께 나누고 싶었지요. 하지만 용기가 나질 않았어요. 당시 사람들은 장애인은 정상적인 가정을 꾸릴 수 없다고 생각했거든요. 헬렌은 어머니가 반대할까 봐 두려웠어요.

　30년이 넘게 내 모든 것이었던 어머니와 선생님과 이런 기쁨을 함께하지 못한다는 것이 슬펐다.

　더는 피터와의 관계를 숨길 수 없었어요. 오랜 고민 끝에 헬렌은 피터와의 관계를 어머니에게 털어놓기로 했어요. 피터와 결혼하고 싶다는 얘기도 함께요. 그런데 어찌 된 일인지 기자가 먼저 알고 헬렌의 약혼 소식을 신문에 냈어요.

　이 소식을 들은 어머니는 심한 충격을 받았어요. 딸아이가, 그것도 보지도 듣지도 못하는 딸아이가 부모 몰래 약혼을 했다는 소식에 어머니는 쓰러질 것만 같았어요. 거기다 처음부터 별로 탐탁지 않던 피터와 약혼이라니, 믿을 수 없었지요.

　켈러 부인은 헬렌이 사회주의자인 것이 몹시 못마땅했어요. 남부 출신의 보수적인 어머니는 딸아이의 행동을 이해할 수 없었어요. 헬렌이 가문에 먹칠하고 다닌다고 생각했지요. 그러니 사회주의자

남자 친구인 피터도 당연히 마음에 들 리 없었어요.

켈러 부인은 결혼을 크게 반대했어요. 아예 피터를 집에 들이지도 않았어요. 피터는 헬렌을 볼 수 없게 되자 무척 난감했어요. 헬렌도 혼란스럽긴 마찬가지였어요. 어머니가 이렇게까지 심하게 반대할 줄은 몰랐거든요.

우여곡절 끝에 만난 헬렌과 피터는 도망갈 계획을 세웠어요. 둘은 플로리다로 가서 결혼할 생각이었어요. 며칠 뒤 헬렌은 어머니와 함께 여동생 밀드러드의 집으로 갈 배를 타기로 되어 있었어요. 헬렌 일행이 배에서 내려 기차를 타러 갈 때 피터가 기회를 봐서 헬렌을 빼돌려 플로리다로 갈 계획을 세웠지요. 그래서 피터도 헬렌이 탈 배의 표를 샀어요.

헬렌과 피터는 가슴이 두근거렸어요. 계획이 잘 성사되기만을 기도했지요. 하지만 켈러 부인이 피터가 같은 배의 표를 끊었다는 사실을 눈치챘어요. 그래서 헬렌 몰래 배를 타고 가는 계획을 바꾸어 기차를 탔어요. 결국 피터만 배를 타고 가게 된 셈이지요.

여동생 밀드러드의 집에 도착한 헬렌은 답답해 미칠 것만 같았어요. 이렇게 피터와의 사랑을 끝낼 수는 없었어요. 피터도 마찬가지였어요. 이렇게 끝낼 수는 없었지요.

며칠이 지나서 피터는 밀드러드의 집을 찾아왔어요. 현관문이 열리자 그는 켈러 부인에게 헬렌과 결혼하고 싶다고 정식으로 청혼했어요. 하지만 가족들은 피터를 집 안에 들이지 않고 쫓아냈어요.

　켈러 부인의 승낙을 얻는 것은 불가능했어요. 두 사람은 다시 한 번 도망칠 계획을 세웠어요. 피터와 약속한 밤, 모두가 잠든 것을 확인한 헬렌은 짐 가방을 들고 현관 밖으로 나갔어요. 그곳에 서서 헬렌은 피터를 기다렸어요. 그 밤, 그들은 함께 도망칠 계획이었거든요. 한참을 기다려도 피터는 오지 않았어요. 헬렌은 점점 불안해졌어요. 그리고 새벽이 왔어요. 결국 피터는 나타나지 않았어요.
　피터를 잃은 상실감에 헬렌은 고통스러웠어요. 오지 않은 이유를 알 수 없었으니, 더욱 힘겨웠지요. 배신당했다는 생각과 혹시 가족들한테서 위협당하지 않았나 하는 생각이 겹쳐서 마음을 괴롭혔어요. 하지만 헬렌은 어머니를 원망하고 싶지는 않았어요.
　한동안 실의에 빠져 있던 헬렌은 마음을 추슬렀어요. 그리고 어머니에게 피터와의 이야기를 설리번 선생님께는 하지 말아 달라고 부탁했어요. 그렇잖아도 건강이 좋지 않은데, 선생님이 알면 더 마음 쓰실 것을 염려해서였지요. 훗날 쉰 살을 바라보는 나이에 출간한 《삶의 한복판: 중년의 삶 Midstream : My Later Life》에서 헬렌은 이렇게 밝혔어요.

선생님이 계셨다면 우리를 이해하고, 우리의 생각과 똑같은 생각을 했을 것이다. 이 세상에서 가장 잔인한 슬픔은 사랑의 상실과 불행이 아니라, 사랑의 실패와 배신이다.

헬렌은 두 번 다시 피터를 만나지 못했어요. 피터는 2년 뒤에 다른 여성과 결혼해서 아이를 다섯 명이나 낳았어요. 헬렌은 피터와의 사랑을 끝으로 평생 또 다른 사랑은 하지 않았어요.

오랜 세월이 지난 어느 날, 헬렌은 편지 한 통을 받았어요. 피터의 다 자란 딸에게서 온 것이었지요. 그녀는 자신의 돌아가신 아버지가 서재에 헬렌의 사진을 평생 간직했다고 했어요. 반짝이는 호수를 배경으로 헬렌이 웃고 있는 사진이었어요. 그러면서 피터의 딸은 물었지요.

왜 아버지는 그 오랜 세월 내내 당신의 사진을 간직한 것일까요? 미스 켈러, 내게 알려 주실 수 있나요?

무대 위 인생

헬렌이 사랑으로 가슴앓이를 하는 동안 설리번 선생님은 따뜻한 섬나라 푸에르토리코에서 요양 중이었어요. 그곳은 문명이 발달하지 않아 자연 그대로의 삶을 즐길 수 있었지요. 선생님은 푸에르토리코에서의 한가한 생활이 마음에 쏙 들었어요. 그래서 한동안 그곳에서 머무르며 건강을 돌보았지요. 몸과 마음이 편해지니, 아픈 것도 많이 나았어요.

사랑을 잃은 뒤 외로움이 커진 헬렌은 선생님이 하루빨리 돌아오기를 바랐어요. 드디어 선생님이 랜덤 집으로 온다는 연락을 받고, 서둘러 어머니와 집으로 돌아갔어요. 헬렌은 선생님을 다시 만난 것이 참으로 위로가 되었어요.

헬렌은 사랑을 잃은 슬픔 속에서도 여전히 전쟁 반대를 주장하는 강연을 했고, 사형 제도를 없애자는 운동에 참여했어요. 헬렌은 어느 기자와의 인터뷰에서 자신의 굳건한 의지를 밝혔어요.

가끔 잔 다르크가 된 것 같다는 생각이 듭니다. 나는 지금 한껏 부풀어 있습니다. 어떤 어려움이 있든지, 어떤 시련이 닥치든지 나는 이 길을 갈 겁니다. 감옥에 갈 가능성도 모략을 받을 가능성도 있지만 상관없습니다.

　헬렌은《내가 살아온 이야기》독일어 판에서 나온 인세를 전쟁터에서 시력을 잃은 독일 군인들에게 기부했어요. 그러자 세상 사람들이 비난을 퍼붓기 시작했어요. 헬렌이 적국인 독일 편에 서서 독일 부상병을 돕고 있다고요. 그러자 헬렌은 당당히 말했어요.
　"나는 어느 편도 아닙니다. 단지 시력을 잃은 사람을 돕고 싶을 뿐입니다."
　전쟁으로 강연이 자주 열리지 않는 바람에 강연 수입이 줄어들었어요. 더군다나 그나마 열린 강연에서도 헬렌은 정부를 비난하는 말을 서슴지 않고 토해 냈기에 강연을 들으러 오는 사람들마저 줄어들었지요. 또 선생님 건강 탓에 순회강연을 다닐 수도 없었어요.
　헬렌의 생활 규모는 무척 컸어요. 헬렌이 버는 돈은 설리번 선생님과 비서인 폴리의 생활을 책임져야 했고, 2만 5천 평이나 되는 랜덤 집의 유지비로 쓰였어요. 랜덤 집은 선생님과 존, 그리고 피터와의 소중한 추억이 담긴 곳이었지만 유지비가 많이 들어 부담이 컸어요.
　강연과 책의 인세, 얼마간의 후원금으로는 헬렌의 생활을 감당하기엔 턱없이 부족했어요. 거기다 책의 인세는 거의 기부금으로 들어가기 때문에 헬렌은 다른 방법을 찾아야 했어요. 아쉬움이 컸지만 큰 고민 끝에 헬렌은 랜덤 집을 팔고 뉴욕의 포레스트 힐스로 이사

해, 비용을 줄였어요.

그 무렵 헬렌에게 영화 출연 제의가 들어왔어요. 헬렌의 삶을 영화로 만들자는 제의였어요. 그리고 헬렌에게 주인공을 맡아 달라고 했지요. 헬렌의 나이 서른여덟 살이었어요. 당시는 소리 없이 영상만 나오는 무성영화 시대였어요. 그러니 헬렌이 출연하는 데는 크게 문제가 되지 않았어요. 헬렌은 이 제안에 솔깃했어요. 새로운 것에 대한 호기심이 발동했던 거지요.

영화 제목은 〈해방Deliverance〉으로, 감독은 헬렌의 삶을 정직하고 솔직하게 스크린에 그려 내겠다고 약속했어요. 헬렌은 지금까지 살아온 진솔한 모습은 물론이고 자신의 소신을 더 많은 사람에게 알릴 기회라고 생각해서 영화에 출연하기로 마음먹었어요. 하지만 영화를 촬영하면서 그 약속은 지켜지질 않았어요. 영화 제작자는 영화 흥행에 초점을 맞추라고 감독에게 요구했고, 제작자와 감독이 서로 갈등했지요. 결국 감독이 한발 물러설 수밖에 없었어요.

영화는 기적을 만들어 낸 헬렌의 모습에 초점을 맞추었고, 헬렌의 정치적 사상과 소신은 다루어지질 않았어요. 아쉬운 부분이지요. 하지만 영화를 보면 생전 헬렌의 모습을 볼 수 있어요. 점자를 읽는 모습, 편지를 쓰는 모습, 산책을 즐기는 모습 등 정겨운 모습이 담겨 있어요. 또 백마를 타고 트럼펫을 부는 우스꽝스러운 장면도 나온답니다.

헬렌은 영화를 촬영하면서 유명한 코미디언 찰리 채플린을 만났어요. 찰리 채플린은 헬렌에게는 물론이고 설리번 선생님께도 예의를 갖추어 대했어요.

왼쪽부터 폴리 톰슨, 설리번 선생님, 헬렌, 찰리 채플린

일부 사람들은 설리번 선생님의 교육을 인정하지 않았어요. 단지 헬렌이 영리하고 똑똑해서 장애를 극복했다고 생각했지요. 그런데 찰리 채플린은 달랐어요. 그는 선생님을 존경했어요. 설리번 선생님은 다른 사람들에게는 관심을 보이지 않았는데, 자신을 인정해 주는 찰리 채플린에게는 마음을 열었어요. 헬렌은 두 사람의 관계에 대해 이렇게 표현했어요.

두 사람이 닮았다. 내성적인 성격에, 운명과 맞서 이겨 냈고, 그 승리에 자만하지 않는다. 두 사람이 서로 이해하며 친하게 지내는 건 자연스러운 일이다. 어린 시절에 보살핌을 받지 못한 두 사람은 서로 챙겨 주며 위안을 얻었다.

촬영이 끝나고 편집한 영화를 본 설리번 선생님은 실망이 컸어요. 헬렌은 물론이고 자신도 제대로 그려 내지 못했거든요. 선생님은 헬렌에게 영화에 대한 설명과 솔직한 심정을 털어놓았고, 헬렌은 영화 상영을 반대했어요.

결국 몇 장면을 새로 찍어 수정하기로 합의하고 편집을 통해 영화를 수정했어요. 하지만 그것 역시 헬렌과 선생님 마음에 들지 않았어요. 헬렌은 결과물에 실망하며 영화가 흥행할 거라는 마음을 접었어요.

공교롭게도 영화를 개봉하는 날에 할리우드 배우들이 파업을 일으켰고, 많은 극장이 영화를 상영하지 않았지요. 하지만 헬렌의 영화는 상영하기로 결정되었어요. 헬렌은 조금의 망설임도 없이 배우들의 파업 행진에 참여했어요.

1920년, 마흔 살의 헬렌은 이전과는 다른 무대에 섰어요. 이번엔 영화가 아니라 청중과 직접 만나는 무대였지요.

당시엔 '보드빌'이라는 공연이 있었는데, 한 공연에 10개 정도의 작은 코너가 있었어요. 마술사나 연극배우, 가수, 무용수, 코미디언, 유명인 등 매우 폭넓게 출연했지요. 보드빌은 대중에게 무척 인기가 있었지만, 상류층 문화는 아니었어요.

보드빌 공연을 준비하는 헬렌과 설리번 선생님

보드빌 공연을 요청받은 헬렌은 흔쾌히 수락했어요. 설리번 선생님과 주변 사람들은 보드빌 무대에 서는 것이 헬렌의 품격을 떨어뜨린다며 반대했지만, 헬렌은 이 무대가 매력적이라고 생각했지요.

헬렌은 설리번 선생님과 함께 보드빌 무대에 섰어요. 강연에서처럼 선생님이 먼저 나와 헬렌을 소개하고, 헬렌이 나와서 이야기를 시작했어요. 형태는 강연과 비슷했지만, 재미가 더해져 강연 무대처럼 딱딱하지 않았지요. 거기다 시간도 짧았어요. 한 공연이 20분밖에 되질 않아 부담을 덜 수 있었어요.

첫 공연은 뉴욕 팰리스 극장에서 했는데, 크게 성공적이었어요. 헬렌은 보드빌 공연이 마음에 들었어요. 사람을 좋아하는 헬렌은 관객과 함께 호흡하는 것이 생동감 있어 좋았거든요. 또 다른 출연자들을 만나는 것도 즐거웠지요. 활기차고 살아 있는 느낌이었어요. 훗날 헬렌이 쓴 글을 보면 헬렌이 보드빌 무대를 즐겼다는 것을 알 수 있어요.

나는 보드빌 무대가 마음에 든다. 지금까지 내가 경험한 그 어떤 것보다 훨씬 즐겁다. 공연할 때 사람들의 숨결을 느낄 수 있어서 좋다. 또 배우들이 분장하고 무대복을 입고 연습하는 모습을 보는 것도 좋다. 가끔 배우들의 연기가 진짜 그들의 삶이고, 무대 밖 인생이 가짜라는 착각에 빠지곤 한다.

헬렌은 4년 동안 보드빌 무대에 섰어요. 장소를 옮겨 다니는 강연과는 다르게 보드빌 무대는 한 무대에서 오랫동안 공연했어요. 보이지 않아서 낯선 장소가 부담스러웠던 헬렌은 매번 장소를 옮겨야

하는 강연 무대보다는 훨씬 안정감을 느낄 수 있었어요. 헬렌은 분장도 혼자 할 수 있었고, 2층에서 1층까지 냄새로 도움 없이도 길을 찾을 수 있었어요.

헬렌은 무척 인기가 많았어요. 대중과 동료 배우 모두에게요. 그리고 돈도 많이 벌었지요. 언제나 설리번 선생님의 건강과 노후가 걱정이었던 헬렌은 보드빌 무대에서 번 돈으로 선생님의 노후를 준비할 수 있었어요. 주위 사람들은 헬렌이 싸구려 무대에 선다고 걱정하며 때로는 비난했어요. 헬렌처럼 고고한 사람은 상류층 문화를 즐겨야 한다고 생각했던 거예요.

설리번 선생님도 보드빌 무대에 서는 걸 좋아하지 않았어요. 시력이 매우 나쁜 선생님은 밝은 조명 앞에 서는 것이 힘겨웠고, 내성적인 성격 탓에 대중 앞에 서는 것이 불편했어요. 또 싸구려 무대에 선다는 대중들의 시선도 편치 않았어요. 하지만 헬렌이 좋아하는 일이니, 묵묵히 참고 함께했지요.

헬렌은 보드빌 무대에서도 정치적 소신을 굽히지 않고 거침없이 의견을 드러냈어요. 어떤 주제든 솔직히 터놓고 말했지요. 한 인터뷰에서 하버드 대학이 유대인과 흑인을 차별하는 정책에 대해서 어떻게 생각하느냐는 질문을 받고는 이렇게 답했지요.

공공 교육 기관이 학식과 인성을 가르치는 것 말고 다른 것을 더 소중히 여기면 공공 기관이기를 포기하는 겁니다. 하버드 대학이 유

대인과 흑인을 차별하는 건 학교 위신을 떨어뜨릴 뿐 아니라 오명을 뒤집어쓰는 일입니다.

또 자본주의를 어떻게 생각하느냐는 질문에는 이렇게 답했어요.

쓸모에 비해 생명이 길답니다.

5. 긍정의 오뚝이

세상에서 가장 위대한 스승

　1921년, 헬렌에게 슬픈 소식이 날아왔어요. 여동생 밀드러드 집에 계신 어머니가 갑자기 돌아가셨다는 연락이 온 거예요. 큰 충격이었어요. 어머니가 그동안 자주 몸이 아프긴 했지만, 이렇게 급작스럽게 돌아가실 줄은 꿈에도 생각지 못했거든요. 헬렌은 한동안 아무 말도 할 수 없었지요.

　그날 헬렌은 로스앤젤레스에서 무대에 오를 준비를 하던 중이었어요. 두 시간만 있으면 공연이었지요. 큰 슬픔에 빠졌지만 무대엔 올라야 한다고 생각했어요. 관객과의 약속을 개인적인 이유로 깰 수는 없었으니까요.

　슬픔을 감추고 헬렌은 무대에 올랐어요. 공연을 마치고 분장실로 돌아온 헬렌은 어머니 생각에 잠겼어요. 어린 나이에 시집온 어머니는 아버지 가문에 잘 적응하지 못했지요. 그러다 첫 딸인 자신이 태어나서 겨우 딸아이에게 마음 붙이며 결혼 생활에 적응해 갈 무렵, 자신에게 지옥과도 같은 병이 찾아왔어요. 그 뒤로 어머니의 삶엔 늘 그늘이 드리워졌지요. 결혼 뒤 어머니의 삶은 행복하지 않았어요. 헬렌은 어머니에 대한 안타까움을 글로 표현했어요.

　내가 병을 앓기 시작한 그 순간부터 어머니 삶은 완전히 변했다. 싱그럽게 빛나던 어머니의 젊음이 한겨울의 하얀 눈으로 뒤덮였다.

　헬렌은 어려움이 닥칠 때마다 신앙에 의지했어요. 아버지가 돌아가셨을 때처럼, 이번에도 하느님에 의지하며 어머니를 위해 기도했어요. 헬렌은 어머니 또한 자신이 죽은 뒤에 아름다운 세상에서 다시 만날 수 있을 거라고 생각하며 슬픔을 이겨 냈어요.
　헬렌은 어머니를 잃은 슬픔을 이겨 내고자 더욱 열심히 보드빌 무대에 올랐어요. 설리번 선생님은 자주 몸이 아프셔서 비서인 폴리 톰슨이 선생님을 대신해서 무대에 오르는 횟수가 잦아졌어요.
　보드빌 공연 말고도 헬렌은 시각장애인협회 일에 적극적으로 참여했어요. 협회는 전 세계 시각장애인이 공통으로 쓸 수 있는 '브라유 점자'를 널리 알리는 일을 추진 중이었어요. 브라유 점자는 세 살에 시력을 잃은 루이 브라유가 만든 것으로, 헬렌은 그의 사망 100주년 기념 행사에 참석해서 고마움을 표하는 연설을 했어요.

　인류가 구텐베르크에게 빚이 있는 것처럼, 우리 시각장애인은 루이 브라유에게 빚을 지고 있습니다.

　조직된 지 1년밖에 안 된 시각장애인협회는 아직 운영할 돈이 많이 부족했어요. 시각장애인 학교를 세우고, 브라유 점자를 널리 알

리려면 자금이 필요했어요. 그래서 헬렌의 도움이 절실했지요. 헬렌이 협회를 위해서 할 일은 자선모금 활동이었어요.

헬렌은 강연을 다니며 시각장애인들을 위해 자선을 베풀어 달라고 요청했어요. 강연은 점점 더 많은 사람들을 불러 모았고, 모금도 잘 이루어졌지요. 바쁜 탓에 보드빌 공연은 자연스럽게 끝을 맺었어요.

모금 활동을 하는 헬렌. 헬렌의 적극적인 활동은 시각장애인을 위한 사업에 큰 도움이 되었어요.

대통령을 비롯한 정치가들도 꽤 많은 성금을 냈어요. 헬렌이 모은 돈은 시각장애인들의 교육과 점자 책을 사는 등 시각장애인을 위한 여러 사업에 쓰였지요.

바쁜 와중에도 헬렌은 글쓰기를 손에서 놓지 않았어요. 글쓰기는 헬렌이 어릴 때부터 평생토록 한 일이었어요. 헬렌은 1927년에는 《나의 종교 My Religion》를, 1929년에는 《삶의 한복판:중년의 삶》을 출간했답니다. 《나의 종교》는 헬렌이 영향을 받은 스베덴보리 사상에 대해서 감동적으로 쓴 글이고, 《삶의 한복판:중년의 삶》은 헬

렌의 중년 이야기를 담은 글이에요.

　1932년 8월 26일, 헬렌에게 또다시 슬픈 소식이 찾아왔어요. 헬렌보다는 설리번 선생님께 더욱 고통스러운 일이었지요. 존이 심장 마비로 갑자기 죽은 거예요. 존의 나이 쉰다섯 살, 설리번 선생님은 예순여섯, 헬렌은 쉰두 살이었어요.

　존의 죽음은 설리번 선생님에게 큰 충격이었어요. 한참이나 어린 존이 먼저 죽으리라고는 그 누구도 생각하지 못했거든요. 존이 죽은 뒤 설리번 선생님 건강은 눈에 띄게 나빠졌어요. 특히 눈이 점점 보이지 않았어요.

　1935년, 설리번 선생님은 결국 두 눈의 시력을 거의 잃어, 누군가의 도움 없이는 몸을 움직일 수조차 없었어요. 비서인 폴리와 헬렌이 번갈아 가며 선생님을 돌보았어요. 제대로 먹을 수 없었던 선생님은 점점 말라갔어요. 헬렌은 아픈 선생님에 대한 애틋한 마음을 일기에 담았어요.

　선생님을 만져 보면 앙상하게 뼈가 드러난 살가죽이 느껴진다. 갑자기 눈물이 핑 돌았다. 이런 모습을 선생님이 직접 볼 수 없다는 것이 그나마 다행이다. 얼마나 부드럽던 젖가슴과 어깨였단 말인가.

　헬렌은 폴리와 함께 선생님을 모시고 생애 마지막 여행을 떠났어요. 선생님께 마지막 위안을 주기 위해서였지요. 헬렌은 조용히 마음속으로 선생님의 죽음을 준비했어요. 겉으로는 담담해 보였지만, 속으론 무척 무서웠어요. 《삶의 한복판:중년의 삶》에서 헬렌은 이렇게 고백했어요.

> 나는 무거운 마음으로 다가올 앞날을 살며시 바라본다. 희망의 얼굴이 서서히 사라지고, 견디기 어려운 두려움이 솟구친다. 두려움이 어둠의 날갯짓으로 나를 뒤덮는다. 선생님이 없어진다는 사실 앞에 나는 보지도 듣지도 못하는 사람으로서 그저 몸을 바들바들 떨면서 하느님께 기도할 뿐이다.

여행지에서 어느 날 저녁, 이웃이 놀러 와서 재미나는 이야기를 들려주었어요. 선생님은 소리를 내 웃었지요. 그러고는 그가 한 말을 헬렌의 손에 적어 주었어요. 그것이 헬렌이 느낀 선생님의 마지막 손길이었어요. 그 뒤로 선생님은 혼수상태에 빠져들었어요.

1936년 10월 20일 아침 7시 30분, 마침내 이 세상에서 가장 위대한 스승 앤 설리번은 헬렌 곁을 떠나 남편인 존에게로 갔어요. 선생님은 일흔 살이었고, 헬렌은 쉰여섯 살이었어요.

선생님의 마지막을 헬렌이 지켰지요. 어느 순간 이상한 기운을 느낀 헬렌은 손을 덜덜 떨면서 선생님 얼굴을 만져 보았어요. 얼굴이 딱딱하게 굳어 있었지요. 이제껏 알던 선생님의 얼굴이 아니었어요. 아무것도 느낄 수 없는 텅 빈 얼굴이었지요. 비명인지 아니면 탄식인

지 모를 소리가 터져 나왔어요.

"아니야, 선생님이 아니야. 선생님이 아니란 말이야."

10월 22일, 뉴욕에 있는 교회에서 설리번 선생님의 장례식이 열렸어요. 천 명이 훨씬 넘는 사람들이 참석했어요. 장례식에는 설리번 선생님과 헬렌이 좋아하는 곡이 연주되었고, 관은 분홍색 장미로 장식했지요. 헬렌은 눈물을 흘리며 세상에서 가장 위대한 스승님을 배웅했어요.

설리번 선생님이 죽기 얼마 전에 아프다는 소식을 들은 한 친구가 찾아와 이야기를 나누었어요. 그는 헬렌에 대해 이렇게 말했어요.

"당신이 없으면 헬렌은 아무것도 아니야."

그러자 선생님이 대답했어요.

"그럼, 내가 이제껏 헛산 게 되는데."

사흘만 볼 수 있다면

설리번 선생님은 자신이 없는 세상에서도 헬렌이 꿋꿋하게 살아가길 바랐어요. 선생님에게 헬렌은 삶 자체였고, 그 누구보다도 헬렌을 사랑했으니까요. 헬렌도 이 사실을 아주 잘 알고 있었지요.

선생님 없는 세상에서도 씩씩하게 살아 보겠다고 다짐했지만 막상 선생님이 사라지고 나니, 헬렌은 어떤 의욕도 생기지 않았어요. 그 무엇으로도 위안이 되질 않았어요. 자꾸 저 문을 열고 선생님이 들어올 것만 같았지요. 선생님이 없는 자신의 삶은 허깨비라는 생각이 들었어요. 헬렌은 혼자 남은 슬픔을 글로 썼어요.

몸 전체가 슬픔으로 가득 찼고, 신경 하나하나가 부들부들 떨렸다. 마음을 갈기갈기 찢어 대는 괴로움이 진정될 것 같지 않았다.

밀려오는 내 외로움은 끝을 알 수 없을 정도다. 이 텅 빈 공간이 영원히 채워지지 않을 것만 같다.

늘 그랬던 것처럼 이번에도 헬렌은 신앙에 의지했어요. 하느님에 의지해서 기도하고 또 기도했지요. 나중에 천국에 가서 만날 수 있을 거라고 자신을 위로하며 환경을 바꾸기로 했어요. 이전과는 달리 자꾸 선생님 생각이 나서 일에 집중할 수 없었거든요.

헬렌은 비서 폴리의 집이 있는 스코틀랜드에 가서 잠시 지내기로 했어요. 하지만 이 여행으로도 헬렌은 선생님을 잃은 슬픔을 떨쳐 내지 못했어요. 어쩔 수 없이 선생님에 대한 그리움을 가슴에 담고 살아야 했지요.

폴리는 스코틀랜드 출생으로, 스물일곱 살에 미국에 왔어요. 설리번 선생님이 죽은 뒤로 폴리는 때로는 비서로 때로는 친구로 남은 헬렌의 여생을 아주 잘 보살폈어요.

당시 헬렌은 범죄를 수사하고 간첩을 잡아들이는 에프비아이(FBI, 미국연방수사국)의 감시를 받고 있었어요. 에프비아이 입장에서 헬렌은 몹시 불편한 존재였지요. 헬렌은 공공장소에서 틈만 나면 정부의 잘못을 꼬집으며 시정을 요구했어요. 전 세계적으로 유명한 헬렌의 말에 대중은 영향을 많이 받을 수밖에 없었어요. 그들은 이 사실을 누구보다도 잘 알고 있었기에 헬렌을 몰래 감시하고 다녔어요. 에프비아이 감시를 받은 사람은 헬렌뿐만이 아니었어요. 찰리 채플린과 알베르트 아인슈타인도 감시 대상에 끼어 있었지요.

무서운 감시 속에서도 무사히 살아남을 수 있었던 건 바로 헬렌이 유명한 장애인이었기 때문이에요. 아무리 에프비아이라 할

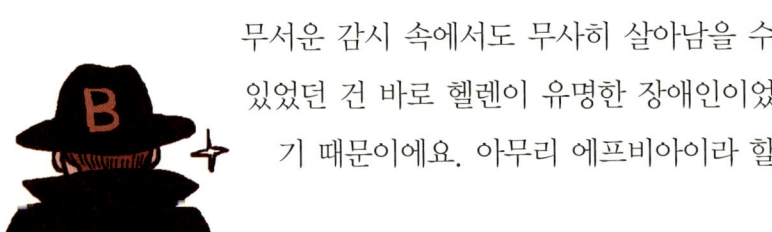

지라도 전 세계 사람들의 사랑과 존경을 듬뿍 받는 헬렌 켈러를 잡아가기에는 부담이 컸으니까요.

제1차 세계대전이 끝난 지 1년 만에 미국은 경제 파탄에 빠졌어요. 주식이 폭락하고 수많은 기업이 문을 닫으면서 무수한 실업자가 생겨났지요. 이것을 1929년 대공황이라고 해요. 대공황은 10년간 이어졌고, 가난한 사람들은 배고픔에 허덕였어요.

헬렌은 가난한 사람들이 삶의 희망을 잃고 절망에 빠져 있는 모습을 보니 가슴 아팠어요. 그들에게 위로가 될 방법이 없을까를 고민하다가 잡지 《애틀랜틱 먼슬리》에 〈사흘만 볼 수 있다면 Three Days to See〉

이라는 글을 실었어요.

〈사흘만 볼 수 있다면〉은 제목에서도 알 수 있듯이, '내가 사흘만 볼 수 있다면 얼마나 좋을까?'라는 헬렌의 간절한 소망이 담긴 글이에요. 이 글을 읽다 보면 우리가 일상에서 감사해야 할 것이 얼마나 많은지를 새삼 깨우치게 되지요. 헬렌에게 이루어질 수 없는 꿈이 보통 사람들에게는 일상이니까요. 아무것도 가진 것이 없다고 절망하던 사람들이 헬렌의 글을 읽고는 큰 위안을 받았어요.

무언가를 잃은 뒤에야 그것의 소중함을 깨닫고, 아파 본 뒤에야 건강의 소중함을 깨닫는다. 10대 후반에 단 며칠만이라도 장님이 되거나 귀머거리가 될 수 있다면 크나큰 축복일 것이다. 어둠은 볼 수 있다는 것이 얼마나 감사한지를, 고요함은 듣는 기쁨이 얼마나 큰지를 가르쳐 줄 것이다.

1937년, 일본 정부가 헬렌을 초청했어요. 일본에 와서 시각·청각장애인을 돕는 강연을 해 달라는 초대였어요. 헬렌은 전부터 일본에 관심이 많았어요. 일본 사람들과 그들의 문화가 참 독특하다고 생각했기에, 어떤 것인지 경험해 보고 싶었지요. 그래서 선뜻 강연 초대에 응했어요. 헬렌이 일본에 간다는 소식을 들은 루스벨트 대통령이 편지를 보내 격려했어요.

미스 켈러가 장애인들을 도우러 일본에 간다면 일본 사람들은 무척 감동할 겁니다. 또한 미스 켈러가 일본에 가서 선행을 베푸는 것은 미국과 일본의 관계를 좋게 하는 데 이바지할 겁니다.

루스벨트 대통령의 편지를 받은 헬렌도 답장을 보내 감사의 마음을 전했어요. 헬렌은 대통령이 되기 전 뉴욕 시장 시절부터 루스벨트를 알고 있었어요. 루스벨트 대통령도 다리에 장애가 있어서 장애인 복지에 관심이 많았지요.

일본에서 헬렌은 큰 환영을 받았어요. 장애인들은 물론 정치가들, 왕족들, 심지어는 일본 왕까지도 헬렌의 매력에 푹 빠졌어요. 왕족의 안내를 받으며 헬렌은 폴리와 함께 일본 전역을 돌면서 거의 100회에 이르는 강연을 했어요. 강연은 큰 성공을 거두어 일본 장애인들을 위한 기금을 많이 모금할 수 있었고, 시각장애인 학교가 여러 도시에 생겨났어요.

헬렌은 일본 방문을 마치고 한국을 찾았어요. 당시 한국 사람들은 일본의 지배를 받으며 힘겨운 삶을 살고 있었어요. 그러니 장애인들을 위한 시설을 세우는 건 엄두도 내지 못했어요. 헬렌의 한국 방문은 한국인에게 우리도 장애인을 위한 사회 시설을 만들어야 한다는 자극을 주었답니다.

1939년, 헬렌은 코네티컷 주 웨스트포트에 숲이 우거지고 개울물이 흐르고 돌담으로 둘러싸인 집을 지었어요. 거스타버스 파이퍼

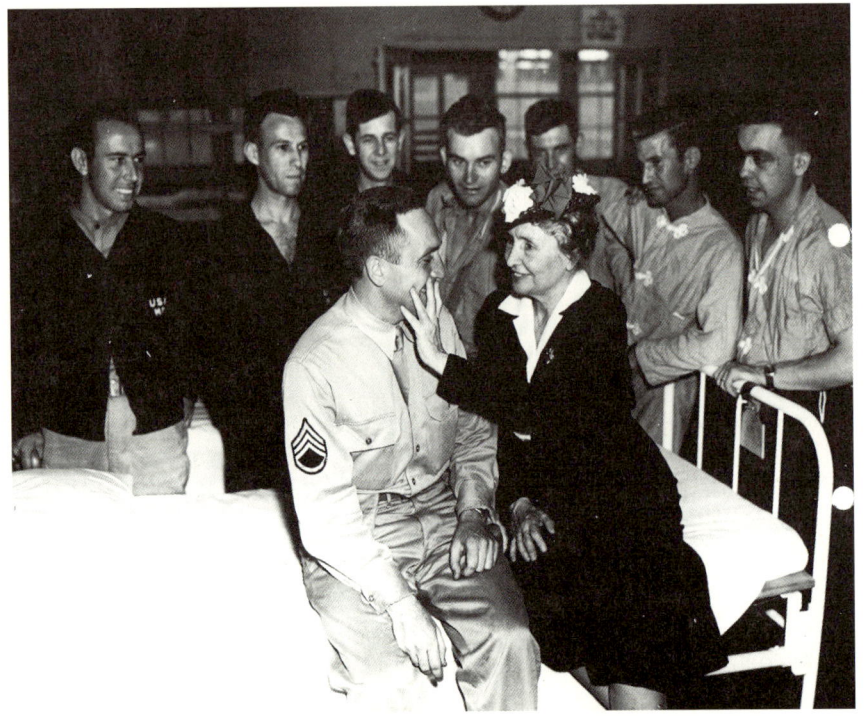

헬렌은 전쟁에 반대하는 강연과 활동을 하는 한편 몸과 마음에 상처를 입은 사람들을 찾아다니며 위로했어요.

란 사람이 헬렌을 위해 기부한 돈으로 지은 집이었지요. 헬렌은 이 집을 '아칸 리지'라고 불렀고, 개 여러 마리를 키우며 살았어요.

1939년에 또 지긋지긋한 전쟁이 일어났어요. 독일의 히틀러가 폴란드를 침공했는데 이탈리아와 일본이 독일에 가세했고, 영국과 프랑스, 미국, 소련이 그 반대편에 섰어요. 바로 제2차 세계대전이 일어난 것이지요. 이 전쟁은 지금까지 역사상 가장 많은 목숨을 앗아 갔고 가장 큰 재산 피해를 남겼어요.

헬렌은 제1차 세계대전 때와 마찬가지로 전쟁에 반대했어요. 하지만 헬렌의 바람과는 다르게 전쟁은 오랫동안 지속되었지요. 전쟁으로 많은 사람이 죽거나 다쳤어요. 헬렌은 다친 사람들을 찾아가 위로했어요. 특히 눈을 다쳐서 앞을 볼 수 없는 사람들을 돕는 일에 앞장섰어요.

부상병들을 찾아다니면서도 가슴 아픈 일도 많았어요. 팔다리를 잃은 군인들마저도 전쟁이 필요하다고 믿었어요. 이런 부상은 전쟁에서 불가피하다고 생각하는 사람들이 많았지요. 그럴 때마다 헬렌은 진심으로 그들을 걱정했어요. 헬렌의 말과 행동에서는 진심이 느껴졌기에 사람들은 헬렌에게서 위안을 받았어요. 헬렌이 방문한 어느 병원 의사는 이렇게 말했어요.

"헬렌 켈러는 앞을 보지 못하는데도 행복하게 살 수 있다는 사실을 일깨워 준 사람입니다. 어떤 환자는 헬렌 켈러가 볼 수만 있다면 자신의 눈 하나를 주고 싶다고 했습니다."

나는 행복했습니다

헬렌의 노력으로 미국 전역에는 서른 개가 넘는 시각장애인 복지위원회가 세워졌어요. 1946년, 예순여섯 살 헬렌의 활동 무대는 전 세계였어요. 재앙과도 같았던 제2차 세계대전이 끝난 지 1년 조금 더 지난 1946년 11월, 헬렌과 폴리는 이탈리아에 있었어요. 강연을 하러 세계를 돌던 중이었지요. 헬렌에게 나쁜 소식이 날아왔어요. 헬렌의 집인 아칸 리지에 불이 났다는 것이었어요. 난로에서 불이 옮겨 붙어서 집 안의 물건들이 잿더미가 되었다고 했어요.

아칸 리지에는 세계 각국에서 선물로 받은 진기한 물건과 소중한 자료들이 많았어요. 비밀을 기록해 놓은 헬렌의 일기와 피터 페이건의 편지, 존의 편지 등 소중한 자료들이 모두 잿더미로 변하고 말았어요. 헬렌의 모든 재산과 문서로 기록된 헬렌의 인생이 불과 함께 사라진 것이지요.

화재 소식을 들은 헬렌은 한동안 멍하니 있었어요. 앞으로 어찌할지 아득하기만 했지요. 하지만 절망은 하지 않았어요. 재산을 잃는 것이 모든 걸 잃는 건 아니라고 생각했으니까요. 전쟁이 앗아간 것에 비하면 집이 불탄 것쯤은 하찮은 슬픔이라는 생각이 들었어요. 사람이 다치지 않은 것만도 천만다행이었지요. 집은 다시 지으면 그만이니까요.

　이번에도 헬렌은 오뚝이 근성을 발휘했어요. 1933년 《홈 매거진》에 발표한 〈행복해지는 가장 간단한 방법 *The Simplest Way To be Happy*〉에서 말한 것처럼 이 시련을 거뜬하게 이겨 냈지요.

　행복한 삶은 고난이 없는 삶이 아니라 고난을 이겨 내는 삶이다. 행복은 끊임없이 굶주린 배를 채우는 일에만 매달리는 야생동물에겐 아무런 의미가 없다. 행복해지려면 이성을 길러서 의지와 정신력을 키워야 한다. 행복해지려면 행복을 낳는 일들을 해야 한다.

　아칸 리지는 새롭게 태어났어요. 훨씬 편리해져 헬렌이 지내기엔 더 좋아졌지요. 이곳은 헬렌의 마지막 안식처였어요. 새로 지은 아칸 리지에서 헬렌은 설리번 선생님 전기를 쓰기 시작했어요. 원래는 훨씬 그 이전부터 선생님에 대한 글을 쓰고 있었는데, 집에 불이 났을 때 원고가 타 버렸어요. 그리고 몇 년이 지나 헬렌은 처음부터 다시 선생님을 만나기로 했답니다.

　글을 쓰며 선생님을 추억하는 내내 선생님이 그리웠어요. 그토록 헌신적인 사랑을 준 사람은 선생님을 빼고는 아무도 없었으니까요. 헬렌은 글을 쓰는 내내 선생님이 자신을 위해서 한 희생에 대해 생각했어요. 선생님이 베풀어 준 사랑에 대해서도요. 이런 분을 만났다는 건 엄청난 행운이었고 더없는 행복이었지요. 이 책은 1955년 평생 존 메이시의 아내로 살고자 했던 선생님의 염원을 담아 《선생님, 앤 설리번 메이시 Teacher : Anne Sullivan Macy》라는 제목으로 출간되었어요.

헬렌은 일흔다섯 살의 나이에도 전 세계를 돌아다니며 시각장애인을 돕는 고단한 강연 스케줄을 잘 소화했어요. 언제나 헬렌은 사람을 만나는 것에서 힘을 얻었어요. 헬렌은 신체의 나이가 중요한 게 아니라 영혼의 나이가 중요하기 때문에 늘 자신이 젊다고 여겼어요.

헬렌의 이야기를 다룬 작품인 〈기적을 일으킨 사람 The Miracle

인도를 방문한 헬렌과 폴리. 헬렌은 전 세계 사람들에게 희망과 용기를 주는 사람이 되었어요.

Worker〉이 텔레비전 드라마로, 연극으로, 영화로 만들어지고 크게 성공했어요. 덕분에 헬렌은 더욱더 유명해졌어요. 그럴수록 헬렌은 가난한 사람들과 시각장애인들을 돕는 일에 더욱 힘썼답니다. 헬렌은 〈행복해지는 가장 간단한 방법〉에서 행복을 이렇게 정의했어요.

행복해지는 가장 간단한 방법은 선을 행하는 것이다. 선을 행하는 것이 진정으로 확실한 행복이다. 우리가 행복해지려고 여러 방법을 시도해 보아도 결국 모두 실패한다는 사실을 알지 않는가.

설리번 선생님이 떠난 뒤 헬렌을 보살피는 일은 전적으로 폴리 톰슨이 맡았어요. 폴리는 선생님처럼 헬렌을 잘 보살펴야 한다는 의무감으로 똘똘 뭉쳐 있었어요. 완벽주의자인 폴리는 부지런히 헬렌의 손바닥에 글을 써 주었고, 헬렌과 함께 무대에 올랐지요.

폴리는 유난히 헬렌의 이미지에 신경 썼어요. 그래서 외출할 때마다 옷을 우아하고 말끔하게 입혔어요. 노년의 헬렌 사진을 보면 헬렌의 옷매무새가 무척 단정한 것을 알 수 있어요. 이것은 모두 폴리의 노력 덕분이지요.

폴리는 건강한 헬렌과는 달랐어요. 헬렌의 고단한 일정 탓에 건강에 무리가 갔고, 결국 앓아누웠지요. 그리고 1960년 3월 21일, 폴리 톰슨은 세상을 떠났어요. 사람들은 폴리가 헬렌보다 더 오래 살기를 바랐지만 그 바람은 이루어지질 않았어요. 폴리가 떠나고 시각장애인협회에서 헬렌을 돌볼 사람이 왔어요. 에블린 시드와 그녀의 남편이 함께 살기로 한 것이지요.

여든이 넘은 헬렌은 이제 삶을 정리할 때가 되었다고 생각했어요. 그래서 유언장도 새로 만들었고, 편지들을 비롯한 개인 문서를 시각장애인협회에 기증했어요. 시각장애인협회는 헬렌이 기증한 것을 분류해서 원래 모습 그대로 보존했고, 수천 장이 넘는 사진도 잘 간직해 훗날 헬렌 켈러를 연구하는 소중한 자료로 남겼어요.

여든네 살이 된 헬렌은 정신이 들락날락했어요. 사람들을 잘 기억하지 못했지요. 피부병에 당뇨병이 겹쳤고, 가끔 발작 증세도 일으켰어요. 어쩔 수 없이 침대에 누워 있는 시간이 많았고, 가끔 외출할 때에는 휠체어에 의지해야 했지요.

헬렌은 점점 쇠약해져 갔어요. 발작이 자주 일어났지요. 죽음이 다가오고 있었어요. 아무리 불굴의 여인, 헬렌 켈러라 할지라도 죽음을 피해 갈 수는 없었어요.

1968년 6월 1일, 헬렌은 잠을 자듯이 평화롭게 이 세상을 떠났어요. 여든일곱 살의 나이였어요. 늘 생각했던 것처럼 헬렌은 이 세상에서 천국으로 떠난 것이에요. 부모님과 옛 친구들 그리고 사랑하는 선생님이 있는 곳으로요.

헬렌의 장례는 워싱턴의 성공회 대성당에서 치러졌어요. 수많은 시각·청각장애인들을 비롯해 1,200여 명의 사람이 참석해 고인의 가는 길을 배웅했어요. 시신은 헬렌의 바람대로 화장을 해, 설리번 선생님 옆에 안치되었어요. 유골이 있는 성당의 벽에는 헬렌의 모습을 조각한 조각상을 새겨 놓았고, 점자로 팻말이 세워졌어요.

헬렌 켈러와 그녀가 사랑하는 선생님 앤 설리번 메이시

이제 헬렌은 떠났고, 헬렌의 가족을 비롯해 시각장애인협회, 미국 정부는 헬렌이 사회주의자라는 것을 공식적으로 밝히기를 꺼렸어요. 그들은 헬렌 켈러가 장애를 극복한 기적을 일으킨 여성으로, 성녀의 이미지로 대중에게 남길 원했어요. 정부의 정책을 날카롭게 비판하고, 전쟁의 부당함을 목소리 높여 부르짖는 헬렌의 모습은 지우려고 했지요.

하지만 이것은 헬렌이 원한 것이 아니었어요. 헬렌은 언제나 사람들이 자신의 참된 모습을, 편견 없는 참모습을 봐 주기를 바랐어요. 아마도 헬렌은 천국에서, 죽어서까지도 자신을 포장하려는 사람들의 모습에 씁쓸했겠지요. 하지만 그 특유의 낙관주의로 기다렸을 거예요. 언젠가 자신의 참모습을 알아주기를.

진실은 아무리 꼭꼭 숨어 있어도 언젠가 그 모습을 드러내기 마련이에요. 헬렌 켈러를 연구하던 사람들은 결국 참모습을 찾아냈고, 이제 많은 사람이 진정한 헬렌의 모습을 만나기 시작했어요.

헬렌은 극심한 장애를 앓으면서도 일생을 고통 속에서 살아가는 이들과 함께했고, 그들을 도우려고 노력했어요. 오늘날 전 세계 곳곳

에는 헬렌 켈러의 이름을 건 자선 단체들이 무수히 많지요. 마크 트웨인의 말처럼 헬렌은 천 년이 지나도 그 이름이 영원히 기억될 것이에요.

헬렌은 평범한 사람이면 누구나 누릴 수 있었던 것을 누릴 수 없었던 여성이었지만, 그 누구보다도 풍요롭고 행복한 삶을 살았어요. 헬렌이 말한 것처럼요.

나는 눈과 귀와 혀를 빼앗겼지만 내 영혼을 잃지 않았기에 그 모든 것을 가진 것이나 마찬가지입니다.

헬렌 켈러의 삶이 우리에게 준 것들

　헬렌 켈러는 불행의 조건을 다 갖춘 사람이었어요. 평범한 사람이라면 누구나 누릴 수 있는 혜택을 전혀 받지 못했으니까요. 게다가 사랑조차도 잃어야 했어요. 어느 누가 봐도 불행한 것이 정상인 헬렌은 한 번도 자신이 불행하다고 느끼질 않았어요. 이런 마음이 기적을 낳았지요.

　헬렌이 불행에서 빠져나온 계기는 책으로부터 시작되었어요. 설리번 선생님에게서 글을 배운 헬렌은 책에 빠져들었지요. 선생님이 손바닥에 써 주는 세상은 참으로 다양했고, 헬렌은 책에서 배운 경험을 토대로 자신의 삶을 설계했어요. 헬렌에게 책은 인생의 안내자였어요.

　헬렌이 불행에 빠지지 않았던 또 다른 요인은 긍정적인 성격이었어요. 헬렌 특유의 낙관주의는 헬렌의 인생 전체를 긍정적이고 다채로운 길로 인도했어요. 이런 낙관주의 덕분에 헬렌의 삶은 보통 사람들보다도 훨씬 더 풍성하고 화려했지요.

　늘 가진 것이 많다고 생각한 헬렌은 어려운 사람을 돕는 일에 발 벗고 나섰어요. 가난한 노동자들과 몸이 불편한 장애인들이 스스로 삶의 주인으로 살길 바란 헬렌은 자신의 것을 기꺼이 그들에게 내어 주었어요.

헬렌이 생각한 행복은 보통 사람들이 생각하는 것과는 달랐어요. 많은 사람이 행복은 닿기 어려운 높은 곳에 있어 행복해지기 어렵다고 믿었지만 헬렌은 그렇게 생각하지 않았어요. 그렇기 때문에 헬렌은 그 많은 불행의 조건에도 행복에 닿을 수 있었어요. 헬렌이 남긴 말은 오늘날 우리에게도 많은 것을 생각하게 해 주지요.

행복의 한쪽 문이 닫히면 다른 쪽 문이 열린다.
그러나 흔히 우리는 닫힌 문을 오랫동안 바라보기 때문에
우리를 위해 열려 있는 다른 문을 보지 못한다.

어린이를 위한 새로운 인물 돋보기
한겨레 인물탐구

01 **김구** 아름다운 나라를 꿈꾸다
청년백범 글 | 박시백 그림

02 **간디** 폭력을 감싸 안은 비폭력
카트린 하네만 글 | 우베 마이어 그림 | 김지선 옮김

03 **다윈** 세상을 뒤흔든 놀라운 발견
카트린 하네만 글 | 우베 마이어 그림 | 김지선 옮김

04 **마틴 루터 킹** 검은 예수의 꿈
카트린 하네만 글 | 우베 마이어 그림 | 김지선 옮김

05 **전태일** 불꽃이 된 노동자
오도엽 글 | 이상규 그림

06 **제인 구달** 침팬지의 용감한 친구
카트린 하네만 글 | 우베 마이어 그림 | 윤혜정 옮김

07 **윤동주** 별을 노래하는 마음
정지원 글 | 임소희 그림

08 **린드그렌** 삐삐 롱스타킹의 탄생
카트린 하네만 글 | 우베 마이어 그림 | 윤혜정 옮김

09 **공병우** 한글을 사랑한 괴짜 의사
김은식 글 | 이상규 그림

10 **체 게바라** 불가능을 꿈꾼 혁명가
오도엽 글 | 이상규 그림

11 **김대중** 행동하는 양심
손홍규 글 | 김홍모 그림

계속 나옵니다.